ro
ro
ro

In *Fußball. Das Allerletzte* beleuchtet Marcel Dreykopf die dunkle Seite des Profigeschäfts, in dem Dummheiten und Intrigen an der Tagesordnung sind: Spieler, die Beine und Verträge brechen. Trainer, die lieber tief ins Glas schauen, als hoch zu gewinnen. Schiedsrichter, die nach der Pfeife zahlungskräftiger Gönner tanzen. Funktionäre, denen kein Geschäft zu schmutzig ist. Dieses Buch versammelt alles, was Fußball so spannend und unterhaltsam macht. Ein großes Lesevergnügen!

Marcel Dreykopf, Journalist und Buchautor, berichtet seit fast 30 Jahren über die deutsche und die internationale Fußballszene. Seine kritischen Analysen und scharfzüngigen Kommentare haben ihn bundesweit bekannt gemacht. Um weiter ungestört in der Szene recherchieren zu können, hat der Autor dieses Buch unter seinem Pseudonym geschrieben.

MARCEL DREYKOPF

FUSSBALL

DAS ALLERLETZTE

Intrigen und Dummheiten aus der Welt des Fußballs

Rowohlt Taschenbuch Verlag

Vollständig überarbeitete Neuausgabe
Veröffentlicht im Rowohlt Taschenbuch Verlag,
Reinbek bei Hamburg, März 2011

Das Buch erschien zuerst unter dem Titel
«Fußball. Das Allerletzte»
2006 im Neuer Europa Verlag Leipzig GmbH
Umschlaggestaltung ZERO Werbeagentur, München
(Umschlagabbildung: John Rensten / Getty Images)
Abbildungen Seite 65:
Abb. 1 © dpa, Abb. 2, 3, 5, 7, 8, 9 © dpa – Sportreport,
Abb. 4, 11 © picture-alliance / Sven Simon, Abb. 6 © dpa – Report,
Abb. 10 © picture-alliance/augenklick
Satz Haarlemmer PostScript bei
Dörlemann Satz, Lemförde
Druck und Bindung CPI – Clausen & Bosse, Leck
Printed in Germany
ISBN 978 3 499 62679 1

FUSSBALL – DAS ALLERLETZTE

GÖTTLICH

«Auch Jesus wurde nicht von allen geliebt.»

(Trainer José Mourinho auf die Frage, warum er bei vielen Menschen so unbeliebt sei)

⚽ ⚽ ⚽

FUSSBALL-FLEGEL

Schummeln, Schimpfen, Spucken, Schlagen – Fußball ist der Flegelsport Nummer eins. Nach einer Untersuchung der Uni Augsburg ist es in keiner anderen Sportart derart schlecht um das Benehmen der Beteiligten bestellt. In der Kategorie unfairer Umgang mit Schiedsrichtern können die «Konkurrenten» Handball, Basketball und Volleyball noch einigermaßen mithalten. Beim (Fehl-)Verhalten der Trainer bleiben nur noch die Handballer als ernstzunehmende Verfolger übrig, und im Wettbewerb um die rüpelhaftesten Zuschauer wird der Fußball souverän seiner Stellung als Volkssport Nummer eins gerecht. Schlechter als die Manieren der Fans sind nur noch die der Spieler – im Vergleich des Verhaltens der Aktiven liegt der Fußball in der Negativwertung am deutlichsten vorn.

⚽ ⚽ ⚽

BITTERE WAHRHEIT

«Ich habe im Fußballgeschäft so zu lügen gelernt, dass mich sogar meine Frau für einen Drecksack hält.»

(Ex-Profi Peter Kunter als Vizepräsident von Eintracht Frankfurt)

DER FLUCH DER BÖSEN TAT

Recherchiert ein Autor jahrelang die schwärzesten Kapitel des Fußballs, dann ist er einiges gewöhnt. Manchmal aber steht auch er noch fassungslos vor dem, was dieser Sport an Unglaublichem zu bieten hat. Die französische Nationalmannschaft schaffte es während der WM 2010 in Südafrika, die Messlatte in dieser Hinsicht auf eine kaum zu überspringende Höhe zu legen. Ein Gutes hatte der womöglich größte Skandal der WM-Geschichte immerhin: In den irischen Pubs überall auf der Welt schmeckte das Guinness besser denn je.

Alles begann am 18. November 2009: Mit seinem Handspiel im entscheidenden WM-Relegationsspiel gegen tapfere und bessere Iren hatte Stürmer Thierry Henry Frankreich in der Nachspielzeit das WM-Ticket gesichert, seinem Trainer den Job erhalten und die Fußballwelt empört. Das Schurkenstück vor dem 1:1 durch William Gallas war auch den französischen Fans mehr als peinlich. In einer Umfrage von *Le Monde* meinten 89 Prozent der Leser, Frankreich habe die WM-Qualifikation nicht verdient. Der beliebte Ex-Nationalspieler Eric Cantona urteilte scharf: «Ich denke, Raymond Domenech ist der schlechteste französische Nationaltrainer seit Ludwig XVI.» Jener französische König also, der sein royales Haupt – wie passend – während der Französischen Revolution auf der Guillotine verlor.

Der Trainer selbst, längst auf der Abschussliste und komplett demontiert, hingegen sagte dreist, er habe gar kein Handspiel gesehen. Kritischen Reporterfragen entgegnete er: «Lassen Sie mich die Qualifikation für die WM genießen.» Es bleibt ein Rätsel, warum der französische Verband nicht reagierte und Domenech umgehend entließ. Genießen jedenfalls konnte er seinen Job von diesem Zeitpunkt an nicht mehr. Nie zuvor ist eine Nationalmannschaft derart sehenden Auges in ein Desaster gerannt.

Im ersten Spiel gegen Uruguay (0:0), einem grottenschlechten Kick, verbannte Domenech seinen Retter Henry zum Erstaunen der Mitspieler auf die Bank. Längst hatten sich die millionenschweren Profis, eine charakterlose Ansammlung von Ich-AGs, gegen ihren Trainer verbündet. Und so nahm das seinen Lauf, was viele französische Zeitungen später als «nationale Schande» bezeichneten und Sportministerin Roselyne Bachelot ein «moralisches Desaster» nannte. Die Spieler könnten «nicht länger die Helden unserer Kinder sein».

Nicolas Anelka hatte als Vorbild ohnehin nie recht getaugt. In der Annahme, jeder wolle ihm unrecht tun, verbreitete er bei jeder seiner neun Spielerstationen den Eindruck eines mürrischen, ständig eingeschnappten Profis. Seinen Spitznamen «Le Sulk» (sulk = üble Laune) verdiente er sich jedenfalls redlich. Und in Südafrika legte er noch einen drauf. In der Halbzeitpause des zweiten WM-Spiels, des 0:2 gegen Mexiko, beschimpfte er seinen Trainer mit den Worten: «Va te faire enculer, sale fils de pute!» Auf Deutsch: «Fick dich in den Arsch, du Hurensohn.» Er ging sofort duschen, wurde später vom Verband suspendiert und nach Hause geschickt. 1986 hatte für eine solche Maßnahme schon das Wort «Suppenkasper» gereicht, mit dem Torhüter Uli Stein den deutschen Teamchef Franz Beckenbauer angeblich beleidigt hatte. Damals beschwerte sich niemand.

Und wie reagierte die französische Antimannschaft 2010?

Kapitän Patrice Evra trat sein Amt mit Füßen, indem er die Entgleisung auch noch zu rechtfertigen suchte: «Er hat seine Gründe. Das Problem ist nicht Anelka, sondern der Verräter unter uns, den man eliminieren muss.» Um fortzufahren: «Alle Spieler wollten, dass er bleibt.» Und dem verlieh die Mannschaft dann auch Ausdruck: Zwei Tage vor dem abschließenden Gruppenspiel gegen Südafrika trat sie in den Streik, um gegen den Ausschluss Anelkas zu protestieren.

Wie sehr sich nahezu jeder dieser charakterlosen französischen Spieler in Südafrika um die lebenslange Verbannung aus der Équipe Tricolore bewarb, wurde im letzten Gruppenspiel deutlich. Das 1:2 gegen Südafrika war eine Bankrotterklärung. Ganz Frankreich war wütend und beschämt zugleich. In den irischen Kneipen aber konnte sich niemand erinnern, jemals eine derart vergnügliche WM gesehen zu haben – auch ohne das eigene Team!

DAS SPRICHT BÄNDE

«Eine Biographie? Von mir? Nein. Never ever! Wenn ich die Wahrheit über das, was ich alles erlebt habe, schreiben würde, müsste man etwa zehn Bände machen – und ich müsste nach der Veröffentlichung nach Australien auswandern.»

(Uli Hoeneß zum Ende seiner Amtszeit als Bayern-Manager)

SCHWEINI IM SAITLING

Für Bastian Schweinsteiger, Idealbesetzung in der Rolle des Fußballers aus Oberbayern, ging es in seiner Laufbahn gleich zweimal um die Wurst. Zunächst war es ein Fleischgroßhändler, der seine durch den Wolf gedrehten Ferkel unter der Bezeichnung «Schweini» in den Saitling pressen und in die Supermarktregale bringen wollte. Für so eine Sauerei mochte der damalige Jung-Star seinen Spitznamen nicht hergeben und zog erfolgreich bis vors Landgericht. Womöglich wäre es aber gar nicht erst zu dem Rechtsstreit gekommen, hätte der Unternehmer Schweinsteiger die Marketingidee nur richtig schmackhaft gemacht. Denn später zeigte sich, dass es dem Nationalspieler unter dem Diktat der persönlichen Gewinnmaximierung ziemlich wurst ist, was er der Öffentlichkeit einst als Überzeugung verkauft hat.

Nachdem er sich einige Jahre fröhlich und unbeschwert durch den Weltfußball gedribbelt hatte, schlug der Bayern-Star eines Tages ernstere Töne an. Er wolle nicht mehr «Schweini» genannt werden, ließ er uns in der Blütephase seiner Karriere wissen. Er sei jetzt erwachsen und bereit, mehr Verantwortung zu übernehmen, da passe dieser Kosename einfach nicht mehr. Seinen Worten ließ Herr Schweinsteiger durchaus Taten folgen, er entwickelte sich zum Führungsspieler. Der Lohn waren viele Erfolge auf dem Platz und noch mehr Millionen auf dem Konto. Doch satt war der Bayer noch lange nicht, sonst hätte er wohl kaum so eifrig nach dem Wurstzipfel gegriffen, den ihm ein Werbepartner unter die Nase hielt. In großem Stil warb er für eine Minisalami, deren reichhaltiger Verzehr in Kreisen professioneller Ernährungsberater als nicht unproblematisch eingestuft wird. Als Wurstwerber firmierte Schweinsteiger übrigens unter «Basti». Das klingt doch total erwachsen, nicht wahr?

WEITSICHTIG

«Männer sind Lebewesen, die Fußballkarten ein halbes Jahr im Voraus bestellen und mit den Weihnachtseinkäufen bis Heiligabend warten.»

(Volksmund)

⚽ ⚽ ⚽

DER FUSSBALLFRISEUR

Wer beim Stichwort Polen nur an Autodiebstahl und Zigarettenschmuggel denkt, sollte sich erstens schämen und zweitens seine Vorurteile schleunigst korrigieren. In unserem Nachbarland versteht man sich nämlich auch auf ganz andere Dinge, zum Beispiel das Manipulieren von Fußballspielen. Ein gelernter Friseur aus dem westpolnischen Wronki, im Zweitberuf Manager eines Erstligaklubs, soll mit einem Netzwerk aus Funktionären, Schiedsrichtern, Spielern und Trainern jahrelang die Fußballbilanzen frisiert haben. Ob Vereinen in sportlichen Nöten oder Wettsyndikaten mit geringem Hang zum Risiko – dem Vernehmen nach lieferte das Friseurteam jedem Kunden sein Wunschergebnis. Gegen ein entsprechendes Trinkgeld, versteht sich. Bekanntermaßen gehört aber auch das Plaudern zum Friseurhandwerk, und so hörte irgendwann die Polizei von dem florierenden Geschäft mit dem Spitzenfußball. Es gab Dutzende von Festnahmen, die komplette Führung des nationalen Fußballverbandes wurde abgesetzt. Durch den Skandal hat neben dem polnischen Fußball offenbar vor allem das Image der Friseurbranche Schaden genommen. Die Coiffeure des Landes werden immer häufiger gefragt, ob sie neben Locken auch krumme Dinger drehen. Haarsträubend.

DIE MAUER IM KOPF

«Wenn du einmal eine Mauer gesehen hast, kennst du sie alle.»

(West Bromwich Albions Spieler John Trewick auf die Frage, warum er bei der China-Tournee seines Klubs 1978 auf die Besichtigung der Großen Mauer verzichtete)

BECKENBAUERS HEISSE NUMMER

Franz Beckenbauer, vielfach umworbener Frauen- und Fußballversteher, ist auch in der Wirtschaft überaus begehrt. Um den Kaiser als Reklamepartner zu gewinnen, bot ihm ein großes Mobilfunkunternehmen nicht nur ein stattliches Honorar, sondern auch noch eine Wunschnummer fürs Handy an. Beckenbauer schlug ein und wählte die 666666 – sechsmal die Sechs, das kann man sich auch in fortgeschrittenem Alter leicht merken. Dummerweise musste Handybesitzer Franz bald feststellen, dass bei ihm zahlreiche Herren anriefen, die von einer heißen Nummer wie dieser etwas anderes als fußballerische Fachgespräche erwarteten. Nun verfügt Beckenbauer über zahlreiche Talente, als Callboy taugt er jedoch nicht. Sein Handy gab er entnervt zurück.

DOPPELMORAL AUF ARGENTINISCH

Mit nur einem Satz ein ganzes Volk zu verunglimpfen und dann auch noch das eigene – das soll dem Argentinier Mauricio Taricco erst einmal einer nachmachen. In einem Interview mit einer irischen Sonntagszeitung machte sich der Verteidiger von Tottenham Hotspur über gängige Moralbegriffe lustig, indem er sich und seinesgleichen brüstete: «Wir Argentinier lieben unsere Frauen und würden sie nie betrügen – aber auf dem Platz setzen wir uns über solche Regeln hinweg, weil für uns nur eines zählt: der Erfolg.» Deshalb bewundere ganz Argentinien Diego Maradona für seine «Hand Gottes» und verehre ihn als Volkshelden, weil das, was anderswo kleinkariert als Betrug gewertet werde, ein Ausdruck des unbedingten Siegeswillens der Argentinier sei. Wer erlebt hat, mit welcher Aggression Taricco im August 2001 seinen Gegenspieler Thomas Gravesen vom FC Everton – fernab des Balles – von den Beinen senste, begreift, dass dieser im Interview geäußerte Unfug ganz offensichtlich sein Credo ist. Gravesen, selbst kein Kind von Traurigkeit, sagte anschließend: «Es war das schlimmste Foul, das je an mir begangen wurde. Geblutet habe ich aber nicht, da war ein großes Loch in meinem Knochen.» Geht ja noch …

DER TAG DER WAHRHEIT

«Am Montag nehme ich mir vor, zur nächsten Partie zehn Spieler auszuwechseln. Am Dienstag sind es sieben oder acht, am Donnerstag noch vier Spieler. Wenn es dann Samstag wird, stelle ich fest, dass ich doch wieder dieselben elf Scheißkerle einsetzen muss wie in der Vorwoche.»

(Der walisische Trainer John Toshack)

EINMAL BETONKOPF, IMMER BETONKOPF

Die einmalige Chance, sein in DDR-Zeiten rechtmäßig erworbenes Betonkopfimage weich zu zeichnen, verspielte Eduard Geyer während der Zeit als Trainer von Energie Cottbus. Sein Klub hatte gerade den Bundesligarekord aufgestellt, mit elf ausländischen Spielern anzutreten – was in einer Region wie der Lausitz, die von Ausländerfeindlichkeit verschmutzt wird, als ein Zeichen der Hoffnung hätte gedeutet werden können. Doch als ein wohlmeinender Reporter dem Energie-Trainer die goldene Brücke zu Begriffen wie «Integration» oder «Abbau von Vorurteilen» bauen wollte, unterbrach ihn Geyer: «Quatsch, der einzige Grund ist: Die Ausländer sind billiger, deutsche Spieler können wir uns finanziell nicht leisten.»

ZORNIGE FUSSBALLGÖTTER

«Pelé soll zurückgehen ins Museum.»

(Diego Maradona zur Vermutung des Brasilianers Pelé, sein schärfster Konkurrent unter Südamerikas Fußball-Idolen sei nur Nationaltrainer Argentiniens geworden, weil er dringend Arbeit und Geld brauchte)

PETERCHENS IRRFAHRT

Erst hatte er kein Glück, dann kam auch noch Pech dazu: Selten hat ein Fußballer den vielzitierten Spruch mit mehr Leben gefüllt als der Engländer Peter Beagrie. Nach einem Freundschaftsspiel seines FC Everton 1991 in Spanien gegen Real Sociedad fand er, stark angetrunken, nicht mehr den Weg zurück zum Hotel. Also stellte er sich in den frühen Morgenstunden einem Motorradfahrer in den Weg und ließ sich von dem höflichen Spanier zum Mannschaftshotel transportieren. Doch dort gelang es ihm nicht, den Nachtportier zu wecken. Also schnappte er sich das Motorrad, raste damit die Hoteltreppe hinauf und durchbrach mit Karacho die gläserne Eingangstür. Seine Schnittwunden mussten später mit 50 Stichen genäht werden. Beagries Pech: Es war das falsche Hotel, das er sich für seinen Husarenritt ausgesucht hatte.

BEST OF BERTI

Berti Vogts war nachweislich nicht der größte Bundestrainer. Verbal aber hat er Spuren hinterlassen wie kaum ein anderer, wie diese Flop-Elf belegt:

1. *«Hass gehört nicht ins Stadion. Solche Gefühle soll man gemeinsam mit seiner Frau daheim im Wohnzimmer ausleben.»*
2. *«Ich glaube, dass der Tabellen-Erste jederzeit den Spitzenreiter schlagen kann.»*
3. *«Die Kroaten sollen ja auf alles treten, was sich bewegt – da hat unser Mittelfeld nichts zu befürchten.»*
4. *«Die Breite an der Spitze ist dichter geworden.»*
5. *«Dank an die Mediziner. Sie haben Unmenschliches geleistet.»*
6. *«Wir haben ein Abstimmungsproblem – das müssen wir automatisieren.»*
7. *«Wie der Afrikaner lebt, so spielt er auch Fußball.»*
8. *«Das Spielfeld war zu lang für Doppelpässe.»*
9. *«Wir wissen alle, dass Mario nicht gesagt hat, was er gesagt hat, was er gesagt haben soll, dass er es gesagt hat.»*

10. *«Die Realität ist anders als die Wirklichkeit.»*

11. *«Wenn ich übers Wasser laufe, dann sagen meine Kritiker, nicht mal schwimmen kann er.»*

SITTSAME SPIELE

Im Umgang mit ihren Untertanen sind die Machthaber im Iran normalerweise nicht zimperlich, beim Fußball jedoch kennt die Fürsorge der Mullahs für das Volk kaum Grenzen. Um der muslimischen Bevölkerung unschöne Szenen zu ersparen, überträgt das iranische Fernsehen Spiele aus dem Ausland gerne einige Sekunden zeitversetzt. So haben die Sittenwächter in der TV-Regie die Möglichkeit, alle Bilder zu entfernen, die nicht mit der islamischen Moral vereinbar sind. Dazu zählten sie aber nicht etwa brutale Fouls, sondern vor allem leichtbekleidete Zuschauerinnen.

DOPING-TRICK

«Der einzige Satz, der einen Fußballer von Anabolika fernhält, ist: Schluck es nur, das Zeug, dann werden deine Hoden so klein wie Erdnüsse.»

(Der britische Sportjournalist Martin Kelner über die Lösung des Dopingproblems)

AUFERSTANDEN AUS RUINEN

Mehr als 20 Jahre nachdem sie im Mülleimer der Geschichte verschwunden war, feierte die DDR ein völlig unerwartetes Comeback: Die FIFA, der ja seit je her eine gewisse Affinität zu totalitären Systemen nachgesagt wird, ließ den Arbeiter- und Bauernstaat im Vorfeld der WM 2010 kurzerhand wiederauferstehen.

Auf den Internetseiten des Weltfußballverbandes hatten Journalisten, die sich für das Turnier akkreditieren wollten, bei der Angabe ihres Wohnorts überraschenderweise die freie Auswahl zwischen mehreren deutschen Staaten. Wer sich spontan nicht zwischen der Bundesrepublik Deutschland und der Deutschen Demokratischen Republik entscheiden mochte, konnte ersatzweise auch ein neutrales «Germany» anklicken oder aber dem Saarland – eigentlich seit 1957 Teil der BRD – den Status einer eigenständigen Fußballnation verleihen. Die Auswahlteams aus der DDR und von der Saar befanden sich übrigens in illustrer historischer Gesellschaft, denn der Weltverband führte unter anderem auch die Tschechoslowakei, Rhodesien und die Sowjetunion auf seiner Staatenliste.

Bis zur WM war das alte kommunistische Weltreich dann aber selbst bei der FIFA wieder zerfallen, und in Südafrika lief nachweislich auch nur eine deutsche Mannschaft auf. Beim Verband in Zürich hatte man sich einsichtig gezeigt und den kleinen Irrtum korrigiert. Gerüchten zufolge zog FIFA-Chef Blatter sogar persönliche Konsequenzen aus dem Vorfall – er trennte sich von seinem liebgewonnenen Atlas aus Schülertagen.

ELF FREUNDE MÜSST IHR SEIN

«Mick, du bist ein Lügner …, ein verdammter Wichser. Für mich hast du nichts getaugt, als du noch gespielt hast, für mich taugst du nichts als Manager, und für mich taugst du auch nichts als Mensch. Du bist ein verdammter Wichser, und von mir aus kannst du dir deine Weltmeisterschaft in den Arsch schieben. Ich habe keine Achtung vor dir.»

(Der irische Mannschaftskapitän Roy Keane zu seinem Trainer Mick McCarthy unmittelbar vor der WM 2002 in Japan. Danach durfte Keane, noch vor dem ersten Spiel, wieder nach Hause fliegen.)

KONSEQUENT

«Keane nach Hause zu schicken war okay. Aber ich hätte ihn zuerst erschossen.»

(Keanes früherer Manager Brian Clough, Nottingham Forest)

EINER GEHT NOCH

In der siebten spanischen Liga sind Weltklasseleistungen eher die Ausnahme, einen internationalen Rekord hat man dort dennoch aufgestellt: Die Begegnung zwischen Recreativo Linense und Saladillo Algesiras im Januar 2009 ist als größtes Kartenspiel aller Zeiten in die Fußballgeschichte eingegangen, 19-mal gab der Schiedsrichter Rot.

Eine ganze Weile hatten die beiden andalusischen Mannschaften einen unauffälligen Kick geboten – ein Tor und ein Platzverweis standen nach 53 Minuten zu Buche. Dann aber kam es zu einer folgenschweren Meinungsverschiedenheit: Die Spieler Francis und Aguilar gerieten aneinander, und ein Großteil ihrer Mannschaftskameraden ließ es sich nicht nehmen, sich am Geschehen zu beteiligen. Schließlich lockte der Auftrieb auch noch einige Zuschauer auf den Platz, und so war alsbald ein fröhliches Gerangel im Gange. Nur Schiedsrichter José Manuel Barro Escandón hatte anscheinend keine rechte Freude an der südspanischen Fiesta, er brach das Spiel einfach ab.

Dass ihm der Sinn für rustikale Unterhaltung fehlt, machte der Unparteiische auch in der Folge deutlich: Kaum in der Kabine angekommen, zückte er seinen Schreiber und machte sich daran, den Spielbericht zu füllen. Nach einer Weile waren darin fast alle Namen notiert, die das andalusische Telefonbuch zu bieten hat: Escandón verhängte nachträglich 18 Rote Karten, gerecht verteilt auf beide Teams. Mit dem schon während der Begegnung ausgesprochenen Platzverweis hatte es somit 19 von 22 Spielern erwischt.

Ob sich die verbliebenen drei tatsächlich nichts hatten zuschulden kommen lassen, Escandón die Tinte ausgegangen war oder er es im sicheren Gefühl, alles Notwendige für einen Eintrag ins Guinness-Buch bereits getan zu haben, einfach nicht übertreiben wollte, konnte nie geklärt werden. Für Linenses Trainer Naranjo gab es an diesem Nachmittag ohnehin nur einen wirklich Schuldigen: «Ich weiß nicht, was in den Schiedsrichter gefahren ist», grollte er. «Es hat einen Streit zwischen Francis und Aguilar gegeben, die anderen Spieler und die Zuschauer wollten doch nur schlichten.» Mag sein, doch mit einer solchen Sicht der Dinge stellt man in Spaniens siebter Liga eben keine Rekorde auf.

ALLMACHT

«Ich als Verein musste reagieren.»

(Fortuna Kölns Präsident Jean Löring, nachdem er am 15. Dezember 1999 in der Halbzeitpause des Spiels gegen Waldhof Mannheim seinen Trainer Toni Schumacher beim Stand von 0:2, Endstand 1:5, gefeuert hatte)

⚽ ⚽ ⚽

HILFE FÜR DIE KREBSFORSCHUNG? «DOCH NICHT FÜR SO BESCHISSEN WENIG GELD»

Wenn Sporthistoriker eines Tages nach dem Zeitpunkt forschen, an dem der englische Fußball endgültig von «The People's Game» zu nackter Geldgier degenerierte, sei ihnen das Jahr 2006 empfohlen. Damals erschien unter dem Titel *Match of my Life* eine Sammlung von Aufsätzen, in denen sich englische Nationalspieler der Weltmeisterschaften ab 1950 erinnerten. Das Buch war dem Gedenken an Bobby Moore, dem an Krebs gestorbenen Kapitän der englischen Weltmeister-Elf von 1966, gewidmet; der Erlös sollte der von seiner Witwe gegründeten «Bobby-Moore-Stiftung für Krebsforschung» zufließen.

Von Sir Tom Finney über Sir Bobby Robson bis zu Peter Shilton und Tony Adams – jeder wollte seinen Beitrag zum guten Zweck leisten. Lediglich die Generation der damals aktuellen Nationalspieler, die England bei der WM 2002 in Ostasien hatte vertreten dürfen, verweigerte sich – und zwar ausnahmslos. Leo Moynihan, der Herausgeber des Buches, erinnerte sich später deprimiert, wie er vergeblich zwischen Pontius und Pilatus hin und her gerannt war:

«Es war eine wahre Schande. Fast alle Agenten der Spieler

empfanden es als Zumutung, dass ihre Klienten 45 Minuten ihrer kostbaren Zeit für nur 1000 Pfund Honorar opfern sollten, und fertigten uns mit einem knappen ‹Nein› ab. Einer begründete seine Absage immerhin mit einem ‹Doch nicht für so beschissen wenig Geld›, ehe er den Hörer aufknallte. Keiner war bereit, sich mit wahren Legenden unseres Fußballs in eine Reihe zu stellen und gemeinsam mit ihnen Stephanie Moores Krebs-Stiftung zu unterstützen. Wie gesagt: eine wahre Schande.»

Und so blieb es an Moynihan selber hängen, Englands Viertelfinal-Niederlage gegen Brasilien bei der WM 2002 angemessen zu würdigen. Doch vermutlich war das ein Glücksfall für das Buch. Hätte man denn stattdessen einen Text von Rio Ferdinand oder Ashley Cole lesen wollen? Oder gar von David Beckham?

WUNSCHDENKEN

«Superman.»

(Der stets bescheidene Cristiano Ronaldo, damals in Diensten von Manchester United, Ende 2008 auf die Frage, welchen Beruf er gewählt hätte, wäre er nicht Fußball-Profi geworden. Immerhin ist sein Wunsch noch realistischer als der seines Mannschaftskollegen Wayne Rooney, der antwortete: «Arzt!»)

ABRÜSTUNG AUF SÜDAMERIKANISCH

Am Tag des ersten Endspiels der WM-Geschichte herrschte in Montevideo Ausnahmezustand. 2000 Polizisten waren an diesem 30. Juli 1930 rund um das Stadion «Centenario» im Einsatz, wo sich Gastgeber Uruguay und Argentinien vor 90 000 Zuschauern gegenüberstanden. Wie sinnvoll die Sicherheitsvorkehrungen waren, zeigte das Ergebnis der Leibesvisitationen an den Stadiontoren: Die Polizisten sammelten mehr als 1500 Pistolen und Revolver ein. In ihren Möglichkeiten, den Gefühlen freien Lauf zu lassen, somit erheblich eingeschränkt, beließen es die Anhänger beider Mannschaften bei gegenseitigen Beschimpfungen, Morddrohungen und vereinzelten Schlägereien. Das Spiel gewann Uruguay mit 4:2.

DER DREISTESTE SPIELER IRLANDS

Auf Weihnachtsgeschenke seiner Großmütter durfte der damals 21-jährige Stephen Ireland im Herbst 2007 nicht hoffen. Die Omas waren übellaunig, schließlich hatte er sie umgebracht. Er tat es mit Worten, und seither gilt der Mittelfeldspieler als der wohl dreisteste Lügner in der Geschichte des irischen Fußballs.

Anfang September 2007 bat Ireland seinen Nationaltrainer Steve Staunton, ihn aus dem Kader für das Spiel gegen Tschechien zu streichen. Er müsse dringend zurück in die Heimat. Seine Oma mütterlicherseits, die ihn seit seinem fünften Lebensjahr aufgezogen hatte, sei überraschend gestorben. Eine vermeintlich narrensichere Entschuldigung, denn wer verweigert es einem Trauernden schon, die geliebte Person zu Grabe zu tragen?

Die Iren, bekannt für ihren Familiensinn, jedenfalls nicht. Und so stellte der Verband dem Spieler von Manchester City einen Privatflieger für die Rückkehr zur Verfügung. Auch sein Vereinstrainer Sven-Göran Eriksson zeigte Verständnis. Ireland klagte, er könne unmöglich in der Premier League gegen Aston Villa spielen. Er trauere noch immer sehr und müsse zudem bei den Vorbereitungen für die Beerdigung helfen. Eriksson war gerührt.

Das änderte sich, als Journalisten herausfanden, dass besagte Oma namens Patricia Tallon zwar betagt, aber durchaus noch lebendig war. Nun wollte sich Ireland aus dem Sumpf ziehen und grub sich nur noch tiefer ein. Es handele sich um einen Irrtum und bei der Verstorbenen um die Großmutter väterlicherseits. Der stehe er nicht so nahe. Und hätte er gewusst, dass sie die Tote ist, hätte er bestimmt gespielt. Kein netter Enkel.

Das dachte wohl auch jene Oma Nummer zwei, Brenda Kitchener, als sie aus der Zeitung von ihrem Ableben erfuhr. Und was machte der verzweifelte Ireland? Er legte noch einmal nach: Diesmal schickte er die Lebensgefährtin seines geschiedenen Großvaters zu den Engeln. Das war Dreistigkeit Nummer drei, denn es ist unschwer zu erraten: Auch diese Dame erfreute sich bester Gesundheit!

Schließlich gab Ireland zu, er habe nur gelogen, um seine Freundin Jessica zu schützen. Die hatte eine Fehlgeburt erlitten und brauchte seine Unterstützung. Ireland: «Sie dachte, sie würden mich eher nach Hause lassen, wenn sie glaubten, meine Oma sei gestorben.» Und auch er selbst nahm wohl an, die Wahrheit hätte als Grund für eine Heimreise nicht gereicht.

Staunton verzieh dem Lügenbaron, Ireland durfte wenig später gegen Deutschland spielen. Und Manchester City verlängerte den Vertrag mit dem Jungstar gar bis 2012. In Irland aber fragten sich die Fußballfans: Wenn wir dem dreisten Burschen schon nicht bezüglich seiner Großmütter glauben können, wann können wir ihm dann noch glauben? Ist sein Name wirklich Stephen Ireland? Ireland playing for Ireland? Ein Zufall zu viel …

VERLETZENDES VERSPRECHEN

«Mein Name ist Finken, und du wirst gleich hinken.»

(Herbert Finken von Tasmania Berlin in der Saison 1965/66 zu seinem Gegenspieler. Er tat alles, um das Versprechen zu halten)

⚽ ⚽ ⚽

VIVA LA FIFA

Die Verantwortlichen der FIFA stehen ohnehin nicht im Verdacht, besonders lustige Typen zu sein, beim Thema Geld hört bei ihnen aber auch das letzte bisschen Spaß auf. Entsprechend humorlos gingen sie vor, als sich die südafrikanische Fluggesellschaft Kulula im Weltmeisterschaftsjahr 2010 erdreistete, mit einer pfiffigen Werbekampagne wenigstens nach ein paar Krumen vom WM-Kuchen zu picken. In Anzeigen warb Kulula damit, die «Inoffizielle nationale Fluglinie der Sie wissen schon was» zu sein und garnierte seine Plakate mit Abbildungen von Fußbällen und Vuvuzelas. Die FIFA sah ihre Markenrechte verletzt und zog vor Gericht. Der afrikanische Billigflieger reagierte sofort; allerdings anders, als man in der Schweizer Weltfußballzentrale vermutet hatte – er setzte noch einen drauf.

Es erschien ein weiteres Werbeplakat, auf dem Bälle und Tröten verschwunden waren. Stattdessen war darauf sinngemäß zu lesen: «Kulula bietet Billigflüge für jedermann, mit einer Ausnahme: Sepp Blatter. Er kann umsonst fliegen.» Der FIFA-Präsident, der die intime Atmosphäre von Privatjets bevorzugt, ignorierte das Angebot zwar, dafür witterte ein anderer seine Chance. Ein Hundebesitzer aus Kapstadt schrieb der Gesellschaft, dass sein Terrier, den er «Sepp Blatter» getauft habe, den Gratisflug gerne in Anspruch nehmen würde. Kulula akzeptierte und schaltete eine neue Anzeige. Ganzseitig war daraufhin in der Zeitung zu lesen: «Es ist offiziell: Sepp Blatter fliegt mit uns.» In einer nichtrepräsentativen Umfrage gaben übrigens zehn von elf Befragten an, ihnen sei ein Hund als Mitreisender deutlich lieber als der FIFA-Boss.

⚽ ⚽ ⚽

DEUTSCHE TUGENDEN

«Der kann doch kein Deutscher sein! Podolski verpatzt einen Elfmeter … aber er wurde auch in Polen geboren.»

(Die englische Zeitung Daily Mail nach Deutschlands 0:1 gegen Serbien in der Vorrunde der Weltmeisterschaft 2010. Mit Podolski hatte erstmals seit 1974 ein deutscher Nationalspieler bei einer WM einen Strafstoß vergeben.)

⚽ ⚽ ⚽

HARTER SCHUSS

Kick it», stand auf den Fußbällen, die Unbekannte im WM-Sommer 2006 an verschiedenen Stellen in Berlin platziert hatten. Wer der Aufforderung nachkam und kraftvoll zutrat, musste schmerzhaft feststellen, dass er Opfer eines groben Scherzes geworden war: Die Bälle waren mit Beton gefüllt.

⚽ ⚽ ⚽

TRAINING AUF RUSSISCH

Russische Trainer gelten gemeinhin nicht als Freunde der Basisdemokratie; ganz so drastisch wie Stanislaw Bernikow reagieren sie aber in der Regel nicht auf Widerworte ihrer Spieler. Nach zwei unerwarteten Niederlagen hatte es im September 2006 zwischen Bernikow und seiner Mannschaft, dem Drittligisten FK Metallurg Lipezk, mächtig gekracht – gegenseitig warf man sich Bestechlichkeit vor. Eine derartige Respektlosigkeit mochte sich der Trainer nicht bieten lassen. Um die Disziplin wiederherzustellen, setzte er allerdings nicht auf Strafrunden oder Liegestütze, sondern wählte eine sonst eher aus der russischen Politik bekannte Variante: Zum nächsten Training bestellte er einige finster aussehende Herren, die sich gezielt der Oppositionellen im Team annahmen. Es setzte mächtig Prügel, drei Spieler landeten im Krankenhaus. Doch im Fußball gelten anscheinend auch in Russland andere Regeln als in der Politik. Für Stanislaw Bernikow war diese Trainingseinheit jedenfalls die letzte seiner Laufbahn, der russische Verband sperrte ihn auf Lebenszeit.

NUR ZUM SCHEIN

«Michael will keine neue Sprache und auch keine neue Kultur kennenlernen, sondern eine neue Währung.»

(Bayern Münchens Manager Uli Hoeneß, als Michael Ballack 2006 zum FC Chelsea wechselte)

FAN-VERSE

«Wir schlafen nicht auf Betten,
wir schlafen nicht auf Stroh,
wir schlafen auf Tabletten,
das ist bei Bayer so!»

(Gehört im Fanblock von Bayer Leverkusen)

SCHUSTER KANN SICH NICHT JEDER LEISTEN

Bernd Schuster war einer der talentiertesten deutschen Fußballer aller Zeiten, einer der patriotischsten war er allerdings nicht. Nachdem die Nationalmannschaftskarriere des Mittelfeldstars 1984 im Dauerzwist mit Bundestrainer Jupp Derwall (Schuster: «Ein Ahnungsloser») ein frühes Ende gefunden hatte, versuchte der DFB, den blonden Engel zu einem Comeback unter dem neuen Teamchef Franz Beckenbauer zu überreden. Da bekannt war, dass sich Schuster nicht allzu viel aus dem Adler auf der Brust machte, war man beim Verband dem Vernehmen nach durchaus bereit, handfestere Anreize zu bieten: Mit 300 000 Mark sollte Schuster demnach für die Mühe entschädigt werden, bei der Weltmeisterschaft 1986 für Deutschland aufzulaufen. Doch da hatte der DFB die Rechnung ohne das Management des Regisseurs vom FC Barcelona gemacht: Ehefrau Gaby, die Schuster in geschäftlichen Dingen mit beachtlichem Erfolg vertrat, soll als Auflaufprämie für ihren Mann eine runde Million gefordert haben. Der DFB musste passen, es blieb bei Schusters 21 Länderspielen. Die Nationalmannschaft wurde ohne den Superstar 1986 WM-Zweiter und holte vier Jahre später den Titel.

FRANZÖSISCHE HÄRTE

«Niemand ist verletzt oder tot, ich bedaure gar nichts. Wir sind schließlich Männer, die was zwischen den Beinen haben.»

(Frankreichs damaliger Nationaltorwart Fabien Barthez, nachdem er Schiedsrichter Abdella El Achiri im Februar 2005 in einem Testspiel seines Vereins Olympique Marseille beim marokkanischen Klub Wydad Casablanca angespuckt hatte)

WELTMACHT NORWEGEN

Bjørge Lillelien, norwegischer Radioreporter, am 9. September 1981 nach Norwegens 2:1-Sieg über England in der WM-Qualifikation:

«Norwegen hat England 2:1 geschlagen. Wir sind die Besten der Welt, wir sind die Besten der Welt. Wir haben England geschlagen, 2:1 im Fußball. Das ist unglaublich. Wir haben England geschlagen, England, das Land der Kämpfer! Lord Nelson, Lord Beaverbrook, Sir Winston Churchill, Sir Anthony Eden, Clement Attlee, Henry Cooper, Lady Diana, sie alle haben wir geschlagen! Maggie Thatcher, kannst du mich hören? Ich habe eine Botschaft für dich jetzt in deinem Wahlkampf ... Deine Jungs haben die Hölle von einer Niederlage kassiert. Deine Jungs haben die Hölle von einer Niederlage kassiert. Für Maggie Thatcher: Norwegen hat England im Fußball geschlagen. Wir sind die Besten der Welt!»

PROMILLE-PROFIS – DIE FLOP-ELF DER HOCHPROZENTIGSTEN TRIKOTWERBUNG

1. VfL Bochum «Osborne»/u.a. Weinbrand (36 % Alkohol)
2. Eintracht Braunschweig «Jägermeister»/ Kräuterlikör (35 %)
3. Hertha BSC «Mampe»/u.a. Kräuterlikör (31 %)
4. Hamburger SV «Campari»/Bitterlikör (25 %)
5. Hannover 96 «Einbecker»/u.a. Bockbier (6,5 %)
6. 1860 München «Löwenbräu»/u.a. Urtyp (5,4 %)
7. VfB Stuttgart «Dinkelacker»/u.a. Export (5,1 %)
8. Borussia Mönchengladbach «Diebels»/u.a. Altbier (4,9 %)
9. 1. FC Kaiserslautern «Karlsberg»/u.a. Pils (4,8 %)
10. Arminia Bielefeld «Krombacher»/u.a. Leichtbier (2,9 %)
11. FC Schalke 04 «Veltins»/u.a. Radler (2,4 %)

EINE KAPITALE SCHNAPSIDEE

Selbst den Herren beim DFB blieb nicht verborgen, dass ihnen an jenem warmen Frühlingstag Hörner aufgesetzt wurden; wobei die Provokation auch schwerlich zu übersehen war: Als die Spieler von Eintracht Braunschweig am 24. März 1973 zum Heimspiel gegen Schalke 04 aufliefen, prangte auf ihren Trikots statt des gewohnten Vereinsemblems mit dem Löwen nämlich ein kapitales Hirschgeweih.

Für die kleine Veränderung verantwortlich zeichnete Günter Mast. Der Schnapsproduzent und Sportsponsor hatte gegen alle Bedenken und Widerstände durchgesetzt, dass erstmals in der Bundesligageschichte eine Mannschaft mit Werbung auf der Brust um Punkte spielte. Denn der Zwölfender auf den Eintracht-Leibchen symbolisierte keineswegs die üppige Fauna des damaligen Zonenrandgebiets, sondern eher deren Flora – zum Kräuterlikör «Jägermeister» veredelt.

Eine Weile tobte der Fußball-Bund, dann gab er klein bei. Das Tabu war gebrochen und die Brust der Profis frei für Werbebotschaften unterschiedlichster Art. In den genussmittelfreundlichen siebziger Jahren war dabei Hochprozentiges durchaus beliebt, und auch Tabakwaren hatten einen festen Platz auf den Atemwegen der Sportler (Borussia Dortmund / «Samson»). Für heftige Erregung sorgte noch einmal die Kondomkampagne des FC Homburg («London»), die aber per DFB-Dekret ebenso wieder verschwand wie Zigaretten und auch alle «harten Sachen» mit mehr als 15 Prozent Alkohol. Was blieb, war einigermaßen Verdauliches wie «Böklunder Würstchen» (FC St. Pauli) oder «Funny Frisch»-Kartoffelchips (1. FC Köln), vor allem aber Magengeschwür-Förderndes wie Banken- und Versicherungsreklame.

Für die Werbetreibenden der Republik erfüllte sich dank der Schnapsidee von Günter Mast jedenfalls ein Traum: Jahr für Jahr zahlen Menschen eine gewaltige Menge Geld, um – je nach Statur des Trägers – als wandelnde Werbetafel oder Litfaßsäule unterwegs zu sein. Hunderttausende eifrige Fans decken sich zu Saisonbeginn mit den neuen Leibchen ihres Lieblingsvereins ein, wobei Heim-, Auswärts- und Europapokaltrikot (Stückpreis zwischen 50 und 70 Euro) eines gemeinsam haben: Weithin sichtbar prangt darauf der Name des Vereinssponsors. Ob die Kauffreude dem Umstand geschuldet ist, dass Fußball und Alkohol untrennbar miteinander verbunden scheinen, sei einmal dahingestellt. Sicher ist, wie nachfolgende Liste belegt, dass die Bundesligaspieler in den vergangenen Jahrzehnten mit reichlich Promille herumgelaufen sind.

STARKE GEFÜHLE

«Ich schreie es raus. Ich scharre und kratze und haue gegen die Trainerbank. Aber ansonsten bin ich ganz ruhig.»

(Trainer Felix Magath über den Umgang mit Emotionen während des Spiels)

⚽ ⚽ ⚽

AUS ÜBERZEUGUNG UNBELEHRBAR

«Ich schäme mich nicht, meine politischen Überzeugungen zu zeigen. Ich bewundere die Fähigkeit des Faschismus, den Bürgern Ordnung und Sicherheit zu garantieren.»

(Torhüter Christian Abbiati vom AC Mailand im September 2008 in einem Interview mit der *Gazzetta dello Sport*. Er ist ein weiterer Name auf einer traurigen Fußballerliste von Faschismus-Nostalgikern.)

⚽ ⚽ ⚽

HOLLÄNDISCHE SCHWARZSEHER

Ihr Fachwissen überschätzten die Verantwortlichen beim holländischen Fernsehen, als sie 1969 die Übertragung eines Europacupspiels vom Programm absetzten. Nachdem Ajax Amsterdam das Viertelfinal-Hinspiel auf eigenem Platz gegen Benfica Lissabon mit 1:3 verloren hatte, war für das Team um Johan Cruyff das obere Ende der Fahnenstange erreicht – jedenfalls nach Überzeugung der «Experten». Hatte man es nicht mit Giganten wie Eusebio, Torres oder Coluna zu tun, gegen die es einen Zwei-Tore-Rückstand wettzumachen galt – und dann noch in der Höhle des Löwen? Also beschlossen die TV-Gewaltigen, ihren Landsleuten vor dem Bildschirm diese Blamage zu ersparen. Ajax gewann das Spiel im Estádio da Luz mit 3:1, das dadurch erzwungene Entscheidungsspiel in Paris sogar mit 3:0, schaltete im Halbfinale Spartak Trnava aus und zog erstmals in der Vereinsgeschichte ins Endspiel des Meistercups ein. Dort allerdings wurden die Amsterdamer von einem übermächtigen AC Mailand mit 1:4 gedemütigt – diesmal vor den Augen der niederländischen Fernsehkameras.

HARTE ZEITEN IM TRAININGSLAGER

«Die Spieler denken nur an das eine, aber im Doppelzimmer liegt anstelle einer schönen Señorita nur ein Mitspieler.»

(Brasiliens Stürmer Romario)

«Ich halte nix von Sex vor dem Spiel, besonders weil ich mir das Zimmer mit Salou teile.»

(Der Norweger Jan-Aage Fjörtoft, damals bei Eintracht Frankfurt)

«Sex vor einem Spiel? Das können meine Jungs halten, wie sie wollen. Nur in der Halbzeit, da geht nichts.»

(Trainer Berti Vogts)

STUTTGARTER STINKER

Dicke Luft bei den Stuttgarter Kickers: Im Herbst 2006 streckte Stürmer Christian Okpala im Training seinen Mannschaftskollegen Sascha Bender mit einem Faustschlag nieder. So etwas kommt im Fußball schon mal vor, die Begründung für den Ausraster dürfte allerdings einzigartig sein. «Bender hat mich provoziert, indem er ständig furzte», gab Okpala zu Protokoll und bezichtigte seinen Mitspieler zugleich, ein Wiederholungstäter zu sein: «Das hat er schon in Augsburg getan, wo wir bis zur letzten Saison zusammengespielt haben.» Nachdem die Streithähne beide auf ihre Art Dampf abgelassen hatten, bereinigte die Vereinsführung die Angelegenheit. Bender wurde wegen seines anrüchigen Verhaltens ermahnt, Okpala verdonnerte der Klub zu einer saftigen Geldstrafe. Kleiner Trost für den Stürmer: Geld stinkt nicht.

KONSERVE STATT KAPELLE

Für alle ambitionierten Feuerwehr-Musikkapellen der Republik war es ein schwerer Schlag, als die FIFA entschied, die Nationalhymnen beim WM-Turnier 2006 in Deutschland nicht live vortragen zu lassen, sondern eine Aufzeichnung einzuspielen. Musik aus der Konserve klingt einheitlicher, und anders als ein Orchester muss eine CD auch nicht erst eilig vom Feld geführt werden, um einen pünktlichen Spielbeginn zu gewährleisten, hieß es sinngemäß. Diese Begründung dürfte bei manchem Musiker den Wunsch noch verstärkt haben, den Funktionären mal ordentlich den Marsch zu blasen.

DIE FLOP-ELF DER TV-DÜNNBRETTBOHRER

1. Johannes B. Kerner
2. Johannes B. Kerner
3. Johannes B. Kerner
4. Béla Réthy
5. Michael Steinbrecher
6. Birte Karalus
7. Thomas Wark
8. Reinhold Beckmann
9. Waldemar Hartmann
10. Rolf Töpperwien
11. Wilfried Mohren

EHRENRUNDE EINES WEICHSPÜLERS

Dass Johannes Baptist Kerner in diesem Ranking nur die Plätze eins bis drei belegt, ist allein der Tatsache geschuldet, dass auch andere zu ihrem Recht kommen sollen. Sagen wir es so: Da ist eine Menge Luft zu Platz vier, und das ist begründbar.

28. August 2003: Dortmund, abgrundtief in einem finanziellen Desaster steckend, hatte den Einzug in die Champions League durch ein 2:4 im Elfmeterschießen gegen den FC Brügge verpasst. Kerner musste BVB-Trainer Matthias «Motzki» Sammer interviewen, zugegeben einen der damals unangenehmsten Gesprächspartner: aufbrausend, hitzköpfig, unberechenbar. Der Mann brodelte. Aber anstatt es als Chance zu begreifen, mutig den Vulkan ausbrechen zu lassen, wollte sich Deeskalationsexperte Kerner in Sicherheit bringen. Er tue sich schwer, eine Mannschaft zu beerdigen, säuselte Kerner, das könne so nicht

sein. «Sie nicht», antwortete der inzwischen schon ein wenig abgekühlte Vulkan, wohl aber die anderen würden sich auf ihn stürzen. «Genau», gab Kerner zum Besten, um sich von allen anderen ja so bösen Journalisten zu distanzieren und eine seinem Harmoniesinn gehorchende Frage folgen zu lassen: «Ich könnte jetzt fragen, versteht die Mannschaft die Sprache des Trainers nicht mehr? Aber das hat man dem Spiel ja nicht angesehen.» Kerner gibt die Antworten selbst. Er genießt das Lob, das er von seinen Gesprächspartnern dann auch prompt erhält. Und das ist, mit Verlaub, für einen Journalisten wirklich das Allerletzte!

Wie erfolgreich Johannes B. Kerner für sich wirbt, belegt diese Anekdote, die man sich hinter vorgehaltener Hand erzählt: Der einst geringfügig übergewichtige Moderator nahm erheblich ab, warb für Mineralwasser und für eine Putenwurst, fuhr im TV-Spot eifrig mit dem Fahrrad durch die Landschaft. Vielleicht war sein Auto defekt, die Verkehrsbetriebe streikten, womöglich war es zu Fuß auch zu weit: Jedenfalls kam Herr Kerner als einziger Gast mit dem Fahrrad zu einer wichtigen Preisverleihung. Bedauerlicherweise richteten sich alle Kameras zu diesem Zeitpunkt auf einen von der gegenüberliegenden Seite ankommenden, *noch* prominenteren Gast. Und da Johannes B. ohnehin nichts anderes vorhatte, drehte er halt noch eine Ehrenrunde. Als der Weg endlich frei war, radelte er werbewirksam unter Blitzlichtgewitter in den Eingangsbereich. Mag diese Geschichte nun stimmen oder nicht, klar ist: In dieser Hinsicht ist der Mann wirklich fit.

DAS KREUZ MIT DEM GLAUBEN

In der englischen Fußballszene neigt man eher nicht dazu, ein Geheimnis ums Privatleben der Profis zu machen. So wurden wir in den vergangenen Jahren reichlich mit anregenden Geschichten über Sexskandale, Saufgelage oder Schlägereien unterhalten. Die Erkenntnis, dass es auch auf der Insel Dinge gibt, über die man selbst in Fußballkreisen nicht spricht, haben wir einem Mitarbeiter des Fußballverbandes FA zu verdanken. Als Stürmer Wayne Rooney in einem Pressegespräch gefragt wurde, was ihm Kreuz und Rosenkranz bedeuten, die er in seiner Freizeit um den Hals trägt, unterband der FA-Mann sofort den katholischen Diskurs. Die Journalisten ließ er knapp wissen: «Wir reden nicht über Religion.»

TIEF INS GLAS SCHAUEN, STATT HOHES C TRINKEN

Wann kommt er denn endlich? Der ist super, der hat doch schon alles gewonnen.» Der Junge ist zehn Jahre alt und aufgeregt. Er trainiert seit einigen Tagen in einer Fußballschule an der Ostsee. Jimmy Hartwig hat Witze gemacht, Horst-Dieter Höttges hat er einen Fünfer beim Elfmeterschießen abgeknöpft, das Camp ist spitzenklasse. Und heute Morgen kommt der Beste. Der einstmals erfolgreichste Trainer überhaupt.

Der erfolgreichste Trainer kommt überhaupt erst einmal etwas später, und er kommt überhaupt zuerst einmal in den Betreuerraum. Er fragt nach einem Getränk. Die Nacht war lang und heftig, die Zunge pelzt. Was gibt es? «Malzbier und Hohes C.» Das, so der Erfolgreichste, sei etwas für Kinder und schwangere Frauen. «Schwanger ist hier niemand, Kinder haben wir schon, und die warten», sagt der mutige Betreuer.

Der Erfolgreichste erinnert sich. Allerdings will er sich das Ganze erst mal von außen ansehen, da könne man viele Dinge viel besser beurteilen.

20 Kinder trippeln ungeduldig auf dem Rasen, wollen loslegen, schießen, flanken, fummeln. Der Betreuer kommt zu den Kindern, spielt mit ihnen Fünf-gegen-Fünf und Fußballtennis, macht Pass- und Torschussübungen. Die kleinen Fußballer sind begeistert. Nicht einer erinnert sich an den einstmals Erfolgreichsten. Der ist auch längst gegangen. Er hat unzählige Titel gewonnen, nicht aber die Herzen der Kinder.

⚽ ⚽ ⚽

TEUFLISCHER TELEFONTARIF

Wer sich schon einmal in eine fremde Schönheit verguckt hat, kennt das Gefühl: Manchmal würde man eine Menge geben, nur um an eine Telefonnummer zu kommen. Fraglich ist allerdings, ob einem die Sache tatsächlich so viel wert wäre wie einst den Verantwortlichen des 1. FC Kaiserslautern. Als die nämlich vor einigen Jahren dem Nigerianer Taribo West nachstellten, sollen sie für die Herausgabe einer nicht sonderlich geheimen Nummer gleich 75 000 Euro gezahlt haben. Ein teuflischer Tarif für eine Telefonauskunft – gemessen daran, was für einen Schaden die damalige Vereinsspitze ansonsten anrichtete, war es aber eher Kleingeld.

Die Pfälzer hatten im Herbst 2001 ein Auge auf West geworfen. Der gutgebaute Verteidiger mit den lustigen Zöpfchen war seinerzeit nach einer längeren Beziehung in Mailand und einer kurzen Liaison mit Derby County gerade ungebunden und offenkundig willens, sich einem neuen Vertragspartner anzuschließen. Beste Aussichten also für einen heißen Flirt, es gab allerdings ein kleines Problem: Beim FCK hatte niemand so recht eine Idee, wie mit West anzubandeln sei. In ihrer Not schaltete die Klubführung einen professionellen Kuppler ein, Spielerberater Wolfgang Fahrian. Der umtriebige Ex-Nationaltorwart erwies sich tatsächlich als große Hilfe. Er blätterte in seinem branchenüblich gutgefüllten Notizbuch und präsentierte prompt die Telefonnummer eines Kollegen. Der wiederum wusste, wie West zu erreichen war, und damit war der Weg frei für ein erstes telefonisches Date. Dabei muss alles bestens gelaufen sein, denn bereits kurze Zeit später gab der nigerianische Nationalspieler den Pfälzern sein Ja-Wort und ließ sich mit nunmehr teufelrotgefärbten Zöpfchen am Betzenberg nieder.

Leider währte die Liebe nicht lange. Nach gerade einmal vier Monaten und zehn Bundesligaspielen war das Verhältnis zwischen Spieler und Verein so zerrüttet, dass West seine Sporttasche packte und Kaiserslautern auf Nimmerwiedersehen verließ. Was blieb, war ein großes Loch in der Vereinskasse und das hartnäckige Gerücht, dass es bei dem Transfer auch noch finanzielle Ungereimtheiten gegeben hat.

Später kam heraus, dass nicht nur im Fall West Geld an der Steuer vorbei an FCK-Profis geflossen war. Nachforderungen des Finanzamts brachten den Verein an den Rand des Ruins, drei Mitglieder der damaligen Klubführung wurden wegen Steuerhinterziehung verurteilt, unter ihnen Vorstandschef Jürgen «Atze» Friedrich.

FAHREN WIE DIE PROFIS

Fußballvereine von Weltruf sucht man im niedersächsischen Kreis Northeim ebenso vergeblich wie andere nennenswerte Attraktionen. Dass sich die Region zwischen Hannover und Göttingen Anfang der 2000er-Jahre dennoch zu einer bevorzugten Adresse internationaler Fußballstars entwickelte, dürfte an ihrem Ruf gelegen haben, ein Steuerparadies besonderer Art zu sein: Ausländische Bundesligaprofis konnten dort auf ebenso unkonventionelle wie unkomplizierte Art an eine deutsche Fahrerlaubnis kommen.

Für die Lizenz zum Steuern sorgten ein Fahrlehrer und ein TÜV-Prüfer, zu den Kunden gehörten Stars wie Diego und Marcelinho. Beide besaßen zwar neben schicken Autos auch einen brasilianischen Führerschein, der aber ist in Deutschland nur sechs Monate gültig. Danach sind eigentlich sowohl eine theoretische als auch eine praktische Prüfung fällig, doch an diesem Punkt kam der Fahrlehrer aus Süd-Niedersachsen ins Spiel. Er bot seinen Profischülern ein Rundum-sorglos-Paket an: Den lästigen Unterricht ersparte er ihnen komplett, beim Ausfüllen des amtlichen Theoriebogens leistete er sachkundig Hilfestellung, und wenn es den gestressten Spielern gerade zeitlich nicht passte, sorgte er auch dafür, dass die Fahrprüfung komplett entfiel.

Um beim sonst so strengen TÜV Verständnis für diese gastfreundliche Auslegung der Straßenverkehrsordnung zu wecken, suchte sich der Fußballerfreund aus Süd-Niedersachsen einen Prüfer, der nicht nur für den Ballsport, sondern auch für kleine Nebenverdienste zu begeistern war; 500 Euro soll der Mann für jeden ausgestellten Führerschein kassiert haben. Der Fahrlehrer selbst hatte übrigens allem Anschein nach keinerlei finanzielle Interessen, ihm ging es offenbar allein darum, in Kontakt mit Bundesligastars zu kommen.

Weil aber auch sportliche Leidenschaft nicht vor Strafe schützt, endete der Ausflug in den Profifußball für beide Initiatoren des Northeimer Steuermodells vor Gericht. Der Fahrlehrer wurde wegen Bestechung und Urkundenfälschung zu zwei Jahren Haft auf Bewährung verurteilt, der TÜV-Prüfer zu eineinhalb Jahren wegen Bestechlichkeit. Die Spieler, die auf südamerikanisch leichte statt auf beschwerlich deutsche Art zum Führerschein gekommen waren, gingen straffrei aus. Ihnen wurde zugestanden, dass sie in Unkenntnis der üblichen Gepflogenheiten gar nicht bemerkt haben, dass Fahrlehrer und Prüfer vom rechten Weg abgekommen waren.

DIE ZEIT HEILT ALLE WUNDEN

Dass Fußballstatistiken mitunter schmerzhafte Wahrheiten ans Licht bringen können, zeigte sich bei der WM 2006. 156-mal, so die penible Zählung, wurden bei dem Turnier in Deutschland Begegnungen unterbrochen, um Medizinern die Behandlung wehklagender Spieler zu ermöglichen. Doch nur in 68 Fällen stellten die Ärzte tatsächlich eine Verletzung fest. Ein medizinisches Rätsel? Vielleicht trug auch ein bewährtes Fußballerrezept zur schnellen Gesundung bei: Ist die Zeit erst mal geschunden, heilt sie alle Wunden.

HOYZER-SKANDAL: DAS OPFER JANSEN

Das Fass wurde im Januar 2005 angestochen. Heraus kamen eine dreckige Brühe und sehr viel Schaum. Schiedsrichter

Robert Hoyzer hatte Spiele für Geld manipuliert, sich an die Wettmafia verkauft. Skandal! WM 2006 in Gefahr! Der deutsche Fußball ist am Ende! Fortan wurde an jedem Tag eine neue Sau durchs Dorf getrieben. Die ärmste und unschuldigste war Jürgen Jansen. Der Bundesligaschiedsrichter geriet unbegründet in Verdacht. Letztlich steht fest: Neben einigen durch Hoyzer geschädigten Vereinen war er das einzige Opfer. Und der Deutsche Fußball-Bund war daran nicht unschuldig.

Nach Hinweisen aus einem «offenbar ernst zu nehmenden Umfeld» auf eine Verwicklung des Referees Jansen in den Skandal setzte der DFB den Schiedsrichter am 30. Januar 2005 für das Spiel zwischen Bremen und Rostock ab. Damit begann die Zeit der Gerüchte, Beschuldigungen, Verleumdungen und Verdächtigungen. Jeder durfte mal, Klaus Toppmöller vorneweg. Er deutete in einem Interview an, dass Jansen möglicherweise die Meisterschaftsentscheidung in der Saison 2001/02 beeinflusst haben könnte, als er am letzten Spieltag beim 2:2 von Leverkusen beim FC St. Pauli gegen die von Toppmöller trainierten Rheinländer einen Handelfmeter verhängt hatte. Und Schalkes Manager Rudi Assauer legte nach: «Dass ein Schiedsrichter wie Jansen, der uns allgemein sehr wohl bekannt ist, da jetzt mit hineinrutscht, das überrascht mich nicht. Er ist vom Typ her sicherlich anfällig, sage ich mal so.» Die Ratten krochen aus den Löchern.

Am 4. Februar 2005 kritisierte Jansen den DFB und beteuerte auf einer Pressekonferenz seine Unschuld. Einige der Anwesenden erinnerten zynisch an die berühmte Ehrenwort-Pressekonferenz Uwe Barschels vom September 1987, als der Ministerpräsident Schleswig-Holsteins offenkundig log und knapp einen Monat später tot in der Badewanne eines Zimmers des Hotels Beau Rivage in Genf gefunden wurde.

Jürgen Jansen lebt noch. Er ist selbständiger Vermögensberater. Der DFB hat ihm rund 30 000 Euro Entschädigung gezahlt, nachdem Ende Juli 2005 das Verfahren gegen Jansen endgültig eingestellt wurde. Und als Schiedsrichterbeobachter durfte er auch wieder arbeiten. Dennoch bleibt er ein Opfer. Selbst im Aldi-Markt. «Da kamen vier, fünf Jugendliche im Alter zwischen zwölf und 14 Jahren rein. Einer sagte so laut, dass ich es mitbekommen musste: Da ist der Skandalschiedsrichter! Das hat mir wehgetan», sagt Jansen. Sein letztes von insgesamt 142 Bundesligaspielen pfiff er am 11. Dezember 2004 in Mainz (0:1 gegen Nürnberg). Jansens Fazit: «Was ich durchmachen musste, war die Hölle.»

STRAFE AUF GRIECHISCH: 72 PUNKTE ABZUG

Wenn Funktionäre ernstgemeinte Entscheidungen treffen, sorgen sie häufig für Verärgerung und ungläubiges Kopfschütteln – manchmal aber auch ungewollt für Belustigung. So können die Herren des griechischen Liga-Verbandes von sich behaupten, die vielleicht kurioseste Strafe im europäischen Profifußball verhängt zu haben. In der Saison 2002/2003 verurteilten sie den Erstligisten PAS Jannina zu einem Punktabzug von 72 Zählern.

Der Klub hatte 18 Spielern das Gehalt in Höhe von insgesamt 900 000 Euro nicht überwiesen, so die Anklage. Statt dem offenkundig zahlungsunfähigen Traditionsverein aus Epirus die Lizenz zu entziehen, zog ihm der Berufungsausschuss für jedes absolvierte Saisonspiel drei Punkte ab. Nach 24 Partien hatte der Tabellenvierzehnte lediglich 18 Punkte gesammelt und somit minus 54 Punkte auf dem Konto.

Der griechische Verband hatte dem PAS Jannina einen Negativrekord für die Ewigkeit beschert – und sich selbst von der Gefahr befreit, jemals wieder ernst genommen zu werden. Dabei erging es dem Klub doch nicht anders als dem Staat Griechenland. In diesem Fall ist der Punktabzug allerdings nur schwer messbar.

KOREAS KLONE

«Die Südkoreaner rennen wie die Teufel. Und da sie alle gleich aussehen, können sie in der Halbzeitpause ihre komplette Elf austauschen, und niemand würde etwas davon merken.»

(Luis Aragones, bei der WM 2006 spanischer Nationaltrainer, über die Aussicht, im Achtelfinale auf Südkorea zu treffen. Spanien spielte schließlich gegen gut unterscheidbare Franzosen – und verlor 1:3.)

VORAUSEILENDER GEHORSAM

Ein besonders schäbiges Kapitel internationalen Funktionärstums schrieb die afrikanische Fußball-Konföderation CAF während des Afrika-Cups im Januar 2010 in Angola. Sie machte die Mannschaft Togos damit gleich zweimal zum Opfer. Womöglich aber ist diese menschliche Niedertracht auch nur einem Akt vorauseilenden Gehorsams geschuldet – gegenüber dem Weltverband FIFA und seinem Präsidenten Sepp Blatter.

8. Januar 2010: Bei einem Maschinengewehrangriff der «Front für die Befreiung der Enklave Cabinda» sterben beim Grenzübertritt nach Angola der Assistenztrainer und der Sprecher des togolesischen Nationalteams. Neun Menschen werden verletzt, darunter zwei Spieler. Togos Premierminister veranlasst die sofortige Heimreise der Delegation. Die Spieler schließen einen

Start beim Turnier zunächst aus. Nachdem sie den ersten Schock verarbeitet haben, wollen sie aber unbedingt antreten.

Die CAF reagiert auf die unzulässige «Einmischung der togolesischen Regierung», sperrt die Nationalmannschaft des Landes für die kommenden zwei Turniere um den Afrika-Cup und belegt Togos Verband zudem mit einer Strafe in Höhe von 50 000 US-Dollar. «Als wir nach Hause gefahren sind, um drei Tage zu trauern, haben sie gesagt, sie seien in Gedanken bei uns. Und nun bestrafen sie uns», sagt Nationalspieler Thomas Dossevi.

Togo legt beim Internationalen Sportgerichtshof CAS Einspruch gegen die Sperre ein, die CAF nimmt den Vierjahresbann im Mai 2010 zurück. Blatter, so heißt es, habe sich zuvor persönlich für eine Schlichtung der Auseinandersetzung eingesetzt.

Unzweifelhaft ist: Die mächtige FIFA duldet keine Einmischung der Politik in ihre Belange. Und das legt folgende Deutung nahe: Fünf Monate vor der WM auf dem Schwarzen Erdteil galt es für die CAF, dem ihr aus Machtkalkül so zugeneigten Sepp Blatter etwas zurückzuzahlen, sein Wohlwollen nicht aufs Spiel zu setzen. Der allmächtige Mann mag es bekanntlich gar nicht, wenn man sich dem Diktat seines Verbandes nicht beugt. Die willfährigen afrikanischen Funktionäre waren in diesem Fall einfach nur ein wenig zu übereifrig.

ALLES GEHT VORÜBER

Provokativ und anmaßend», titelte die Zeitung *La Nacion.* Ein Festival der Verbitterung und nicht weniger als eine Schande sei das gewesen, was sich Diego Armando Maradona im Oktober 2009 geleistet hatte. Nach dem 1:0 gegen Uruguay hatte der argentinische Nationaltrainer seine Kritiker aufs Übelste beschimpft. In einer Umfrage sprachen sich 80 Prozent der Fans für den Rauswurf des einstigen Idols aus.

Nur einer zeigte Verständnis für Maradonas «unpassende Wortwahl»: Argentiniens diktatorischer Verbandschef Julio Grondona. «Leute können in der Hitze des Moments Dinge sagen, die ihnen später leidtun», gab er zu Protokoll. Er muss es ja wissen. Aber tat es ihm auch wirklich leid, was er selbst am 5. Juli 2003 gesagt hatte? An diesem Tag antwortete der FIFA-Vizepräsident in einer Sendung des Sportkanals TyC Sports auf die Frage, warum in der ersten argentinischen Liga keine jüdischen Schiedsrichter zum Einsatz kommen: «Ich glaube nicht, dass ein Jude jemals auf diesem Niveau Schiedsrichter sein kann, denn es ist harte Arbeit, und Sie wissen: Juden drücken sich vor schwerer Arbeit.»

Was anderswo für einen Aufschrei der Empörung und den Rücktritt des Präsidenten gesorgt hätte, perlte an Grondona ab. Wie alles in seiner Karriere. Der skandalumwitterte Alleinherrscher kam nach der WM 1978 in der Blütezeit der argentinischen Militärdiktatur an die Macht und gab sie nie mehr ab. Siebenmal wurde er wiedergewählt, und es gab nur ein einziges Mal einen Gegenkandidaten, der 1991 genau eine mutige Stimme bekam. Den nationalen Fußball erschütterten acht Spieler- und drei Schiedsrichterstreiks, 135 Fans fanden in den Stadien den Tod. Grondona hat all das nicht geschadet. «Todo pasa» ist sein in einen Goldring eingraviertes Lebensmotto – «Alles geht vorüber».

VAN DER VERRAT

Dass sich Fußballprofis in erster Linie als Ich-AG verstehen, war vor allem den kleinen HSV-Fans nicht bewusst. Zehntausende trugen das Trikot ihres Lieblings Rafael van der Vaart. Eine

Lehrstunde in Sachen Abgebrühtheit erhielten die Jungen und Mädchen im August 2007.

Die Aktion, die sich van der Vaart leistete, war in der Tat von neuer Qualität: Der Holländer verlor den letzten Funken Anstand. Trotz Vertrages und der klaren Ankündigung des Klubs, den Spieler halten zu wollen, verkündete der Publikumsliebling: «Das Kapitel Hamburg ist für mich erledigt» – und ließ sich für die spanische Sportzeitung *As* mit einem Trikot des FC Valencia fotografieren.

Zuvor hatte sich van der Vaart für das UEFA-Pokalspiel des HSV gegen Honved Budapest wegen einer Rückenverletzung abgemeldet, angeblich habe er «seinen kleinen Sohn hochgenommen und sich dabei verhoben». Welch ein Zufall! Hätte er gespielt, wäre er für Valencia international nicht spielberechtigt und damit weniger wert gewesen.

Letztlich blieben die Hanseaten standhaft, van der Vaart musste bleiben. Seine Mitspieler schenkten ihm auf der Weihnachtsfeier ein Trikot mit seiner Nummer 23. Der Namenszug über der Nummer lautete «van der Verrat». Der Holländer nahm es gelassen zur Kenntnis: «Das ist Humor.» Viele Fans waren da anderer Meinung.

DOPPELTES COMING-OUT

Welch Geistes Kind die Funktionäre des türkischen Fußballverbandes sind, erfuhr Halil Ibrahim Dincdag im Juni 2009. Kurz nach seinem Coming-out wurde der homosexuelle Schiedsrichter suspendiert. Offizieller Grund für den Entzug der Lizenz: Dincdag sei nicht fit genug! Und als man im Verband ahnte, dass diese Erklärung allein womöglich nicht ausreiche, legte Vizepräsident Lufti Aribogan nach: Dincdag sei «nur ein zweitklassiger Schiedsrichter ohne Talent und Aussicht auf einen Aufstieg in die erstklassige Süper Lig». Dincdag hatte die unausgesprochenen Regeln eines Männerbundes verletzt, jetzt musste er büßen. Und im türkischen Verband wird so einer offenbar nicht einfach nur rausgeworfen, er wird rausgetreten.

SCHÄNDLICHE STRAFEN

Die Disziplinarausschüsse nationaler Verbände entscheiden über Strafen für Vereine, Trainer und Spieler. Das taten auch die Vertreter des spanischen Fußballverbandes im September 2010. Als gute Katholiken hätten sie bei der Beichte kollektiv um Vergebung bitten sollen.

18. September 2010, Espanyol Barcelona gegen UD Almeria, 49. Minute: Espanyols Siegtorschütze José Callejón lüftete beim Jubel sein Trikot, darunter zu sehen war das Konterfei seines früheren Mannschaftskollegen Daniel Jarque Gonzáles, der im Alter von 26 Jahren an Herzversagen starb. Gleiches hatte Spaniens Andres Iniesta im WM-Finale am 11. Juli 2010 gegen Holland getan, auf seinem T-Shirt stand zu lesen: «Dani Jarque siempre con nosotros» («Dani Jarque ist für immer mit uns»).

Callejón bekam Gelb. Schiedsrichter Fernando Teixeira Vitienes handelte nach den Regeln, er kannte die Beweggründe nicht. Der Disziplinarausschuss kannte sie sehr wohl – und verurteilte Callejón trotzdem zu 3000 Euro Geldstrafe.

Nur ein Jahr zuvor hatten die Funktionäre exakt die gleiche Strafe verhängt: 3000 Euro. Gegen Real Madrid. Damals hatten Zuschauer Plakate mit Nazi-Sprüchen entrollt und mit übelsten Gesängen die Toten in den Gaskammern verhöhnt …

KOPFSCHMERZEN

Das in diesem Fall wenig schmeichelhafte Prädikat «Kopfball-ungeheuer» erwarb sich Herthas Torhüter Sascha Burchert am 4. Oktober 2009 im Spiel gegen den Hamburger SV (1:3). Als Berlins Stammkeeper Timo Ochs in der 33. Minute verletzt ausgewechselt wurde, kam der damals 19-Jährige in die Partie. Zweimal innerhalb von 100 Sekunden «rettete» er per Kopf vor dem Strafraum, zweimal landete der Ball bei HSV-Spielern, zweimal erzielten sie die Tore direkt – David Jarolim aus 36 Metern, Zé Roberto aus 44 Metern.

Genau anders herum machte es Burcherts argentinischer Kollege German Montoya in der gleichen Woche. Der Torwart von Velez Sarsfield kassierte gegen die Boca Juniors Buenos Aires ein Kopfballtor aus 40 Meter Entfernung. Sein Befreiungsschlag landete genau auf dem Schädel von Boca-Stürmer Martin Palermo. Es war der 3:2-Siegtreffer für Boca.

FINGERZEIG

Busacca, Busacca vaffanculo!» Nun lässt sich kein Mensch so gern von einem anderen sagen, man möge ihn am Arsch lecken. Ein Schiedsrichter, zumal während der Ausübung seiner Dienste, schon gar nicht. Der Schweizer Massimo Busacca machte da am 20. September 2009 im Pokalspiel zwischen dem FC Baden und den Young Boys Bern keine Ausnahme. Da dieses wenig nett gemeinte Angebot aber nicht von einem Spieler gesagt, sondern von Hunderten Berner Fans gerufen wurde, sah sich Busacca genötigt, statt einer Roten Karte seinen Mittelfinger zu zücken.

Der Schweizer Verband sperrte seinen Top-Referee erst für drei Spiele, um ihn wenig später als Schiedsrichter des Jahres auszuzeichnen – zum sechsten Mal in Folge. Der Internationale Verband für Fußballhistorie und -statistik setzte mit der Wahl zum Weltschiedsrichter noch einen drauf. Busacca sagte später, er habe mit dieser Geste zumindest die Aufmerksamkeit auf die verbale Gewalt in den Stadien gelenkt. Das ist doch mal ein deutlicher Fingerzeig …

JAGD AUF DIE EICHHÖRNCHEN

Besonders afrikanische Nationalmannschaften schmücken sich gerne mit Namen aus dem Tierreich. Von den «Löwen» aus Kamerun über die «Elefanten» von der Elfenbeinküste bis hin zu den «Skorpionen» aus Gambia findet man dort so ziemlich alles, was in *Brehms Tierleben* Rang und Namen hat. Besonders beliebt, unsere Auswahl zeigt es, sind dabei die Kategorien groß und gefährlich. Dass es auch eine Nummer kleiner und harmloser geht, zeigt das Beispiel Benin. Die Fußballer des westafrikanischen Staates werden liebevoll «Eichhörnchen» genannt.

Doch kleine Tiere leben bekanntlich gefährlich. Im Naturkundeunterricht haben wir einst gelernt, dass Mader und Greifvögel zu den natürlichen Feinden des Eichhörnchens zählen. Bei den Exemplaren, die man auf Fußballplätzen antrifft, kommen noch Funktionäre hinzu – das wissen wir seit dem Afrika-Cup 2010. Bei dem Turnier war die Auswahl Benins in der Vorrunde gescheitert, und prompt blies der eigene Verband zur Jagd auf seine Eichhörnchen. Die Nationalmannschaft wurde kurzerhand aufgelöst, Spieler und Trainer wurden unter Schmähungen verscheucht. Benins Fußballobere warfen ihnen «mangelnden Patriotismus und schlechtes Benehmen» vor; schließlich hatten die Eichhörnchen bei der Afrika-Meisterschaft gerade mal einen Punkt gesammelt.

Weil das Dasein als Fußballfunktionär aber so ganz ohne Spieler schnell langweilig wird, erinnerte man sich beim Verband von Benin daran, dass es zu den großen Stärken der Eichhörnchen zählt, sich rege um Nachwuchs zu kümmern. In freier Wildbahn bringen es die possierlichen Nager auf bis zu zwölf Junge im Jahr – ihre menschlichen Namensvetter schafften es innerhalb weniger Wochen immerhin, elf frische Eichhörnchen und somit ein neues Nationalteam aufzustellen.

NAGER UND NELKEN – DIE FLOP-ELF DER NATIONALMANNSCHAFTSNAMEN

1. «Eichhörnchen» (Benin)
2. «Rote Furie» (Spanien)
3. «Elefanten» (Elfenbeinküste)
4. «Stählerne Rosen» (China / Frauen)
5. «Super-Adler» (Nigeria)
6. «Feurige» (Kroatien)
7. «Skorpione» (Gambia)
8. «Nati» (Schweiz)
9. «Hengste» (Burkina Faso)
10. «Spatzen» (Burundi)
11. «Rosa Wildnelken» (Japan / Frauen)

EINE SAUBERE GEMEINDE

Jahrzehntelang verdankte die Gemeinde Chooz im Norden Frankreichs dem Umstand, dass in ihren engen Grenzen eines der größten Atomkraftwerke der Welt Platz gefunden hat, zumindest ein bescheidenes Maß an Bekanntheit. Dass die weit aus dem Tal der Maas herausragenden Kühltürme mittlerweile nicht mehr als einziger Schandfleck der Region gelten, ist einer Handvoll Funktionären des örtlichen Fußballklubs zu verdanken. Mit einer hochprozentigen Mischung aus Intoleranz und Dummheit schafften sie es von einem Tag auf den anderen, die internationale Aufmerksamkeit auf ihren Dorfverein zu lenken.

Manch anständigen Männern aus Chooz, die regelmäßig zur Kirche gehen und allenfalls gelegentlich im Suff ihre Frauen verprügeln, war es schon lange ein Dorn im Auge, dass ausgerechnet für ihren FC ein Schwuler spielt. Weil die Konkurrenz auf dem Liberoposten aber in einer 800-Einwohner-Gemeinde nicht allzu groß ist und Yoann Lemaire die alltäglichen Beleidigungen und Erniedrigungen einfach über sich ergehen ließ, schafften es die Vereinsführung und der homosexuelle Fußballer eine ganze Weile, einander irgendwie zu ertragen. Doch dann beging Lemaire einen entscheidenden Fehler: Er bekannte sich nicht nur öffentlich zu seinen sexuellen Neigungen, sondern schrieb auch noch ein Buch mit dem provokanten Titel «Ich bin der einzige schwule Fußballer Frankreichs». Das war eindeutig zu viel für die Dorffunktionäre. Eine Schwuchtel im Team zu haben war schon schlimm genug. Dass jetzt aber auch noch jedermann im ganzen Land nachlesen konnte, welche sexuellen Freiheiten sich Chooz erlauben konnte, war nicht mehr hinnehmbar. Und so präsentierte der Klub Lemaire im Sommer 2010 die Quittung für sein schändliches Verhalten: Der 28-Jährige wurde aus dem Verein ausgeschlossen, für den er sein halbes Leben lang gespielt hatte.

Als sich die überregionale Presse dafür zu interessieren begann, was da im Schatten des Atomkraftwerks an der französisch-belgischen Grenze vor sich geht, rang man sich beim FC Chooz schnell ein paar Worte ab, die auf Französisch noch viel schöner klangen als in dieser Übersetzung: Es sei eine «Entscheidung zum Wohle aller» gewesen, hieß es auf der Homepage des Klubs, und nach einigen zu vernachlässigenden Passagen folgte der fast schon philosophische Hinweis «Toleranz darf nicht einseitig sein». Auch FC-Präsident Frédéric Coquet stellte klar, dass es sich hier keineswegs um einen Fall von Diskriminierung handele. «Der wahre Grund für den Ausschluss», verriet er in einem Interview, sei Lemaires «schlechte Form» gewesen und, na ja, «die Konflikte, die er provoziert hat.»

Der gefeuerte Freizeitfußballer selbst fand es am Ende nur noch «peinlich», was sein alter Verein von sich gab, und zog einen Schlussstrich unter das Kapitel. Lemaire schloss sich dem Amateurteam von Vireux-Molhain an. Der Ort ist nur rund zehn Kilometer von Chooz entfernt, liegt aber offenbar in einer anderen Welt.

PLANSOLL NICHT ERFÜLLT

Wie heftig die Auswirkungen jahrelanger Indoktrination sind, zeigte sich schon vor der WM 2010 am Beispiel Nordkoreas. Der «geliebte Führer» Kim Jong-Il hält das vermutlich rückständigste Land der Welt und seine unter Hungersnot leidende Bevölkerung im eisernen Griff. Versagen ist verboten, und so taten seine Untergebenen alles, um das Plansoll zu erfüllen. Das hieß, der Weltranglisten-Platzierung 105 zum Trotz: Der Titel muss her!

«Nordkorea wird die WM gewinnen», gab Verbandsvize Son Kwang-Ho linientreu zum Besten und erklärte auch gleich, warum: «Dies wird uns dank der Unterstützung unseres geliebten Führers gelingen.» So wollte Kim Jong-Il, dass seine Mannschaft vom Jubel der Fans zum Titel getragen wird. Da er das eigene Volk einkaserniert hat, kaufte er die Anhänger in China ein. 1000 Tickets brachte das nationale Sportkomitee beim großen Nachbarn unters Volk. Einzige Bedingung: Sie müssen klatschen, jubeln und schreien. Für Nordkorea.

Ganz besonders schlau wollte Trainer Kim Jong-Hun sein. Vielleicht dachte er sich, bei fünf Kims, fünf Ris und vier Paks im Kader würde schon niemand so genau hinsehen. Er setzte den Namen Kim Myong-Won auf die Nominierungsliste. Der ist zwar Stürmer, wurde aber als dritter Torwart geführt und sollte auf diesem Weg als zusätzlicher Feldspieler ins Aufgebot geschmuggelt werden. Die FIFA roch den Braten und verwies auf Paragraph 26 des Reglements: Unter den 23 WM-Spielern müssen drei Torleute sein. Und so verbrachte Myong-Won seine Zeit auf der Tribüne.

Auch sonst lief es für Nordkorea sportlich nicht wie gewünscht, die Asiaten flogen in der Vorrunde raus, verloren unter anderem 0:7 gegen Portugal. Dabei hatten sie im Vorfeld wirklich alles versucht, um ihrem «geliebten Führer» zu gefallen. Den Heimflug traten die Spieler mit panischer Verzweiflung, ja, Angst an. Schließlich gilt nach nordkoreanischem Gesetz die Regel der Kollektivschuld: Wenn in den Augen des Regimes dem Ansehen des Staates geschadet wird, wird die ganze Gruppe bestraft.

Zurück in Pjöngjang, mussten Medienberichten zufolge zunächst alle Spieler auf einer Bühne sechs Stunden lang ideologische Kritik von 400 Funktionären über sich ergehen lassen. Trainer Kim soll gar zu körperlicher Zwangsarbeit auf einer Baustelle verurteilt worden sein. Die FIFA leitete eine «umfängliche Untersuchung» ein. Ihre Methode: Sie fragte in Nordkorea nach, ob die Berichte stimmen. Das überraschende Ergebnis: Nordkorea versicherte, nichts sei dran an den Gerüchten. Wer mag da schon widersprechen? Die FIFA jedenfalls nicht, sie schloss die Akte.

⚽ ⚽ ⚽

ROST MIT RÖCKCHEN

«Es hat nur noch gefehlt, dass wir in rosa Röckchen aufgelaufen wären.»

(HSV-Torwart Frank Rost im September 2010 über die Deeskalations-Strategie der beiden Hamburger Bundesligavereine im Vorfeld des Stadtderbys beim FC St. Pauli)

⚽ ⚽ ⚽

VUVUZELA-TERROR: OHREN ZU UND DURCH

Viele hatten vor dem WM-Turnier 2010 in Südafrika geunkt, die Sicherheitsfrage könnte das größte Problem darstellen. Alles hatten die Veranstalter getan, um weltweit in einem guten Licht zu erscheinen. Und dennoch trugen die Einheimischen zehntausendfach gefährliche Waffen in die Stadien: die Vuvuzelas. Niemals zuvor in der Geschichte von Fußballweltmeisterschaften wurden die Fans rund um den Globus derart um ihren Spaß betrogen. Schuld an dem Lärmterror ist die FIFA.

Der Weltverband ist bekannt dafür, jede Kleinigkeit zu kontrollieren und zu reglementieren. Schon nach dem Konföderationen-Pokal ein Jahr zuvor gab es Proteste. Nicht nur der spanische Profi Xavi plädierte für ein Verbot der Vuvuzelas, der Lärm sei unerträglich. Doch FIFA-Präsident Sepp Blatter wischte, vermutlich angesichts der vielen afrikanischen Wahlmänner im Weltverband, alle Bedenken zur Seite: «Das käme einer Diskriminierung gleich. Wir haben die WM an Afrika vergeben, einen Kontinent mit einer anderen Kultur.» Ohren zu und durch. Aber was ist mit dem Rest der Welt?

Vuvuzela, das heißt in der Sprache der Zulu «Krach machen», der Klang der Kunststofftröten soll dem eines Elefanten ähneln. Leider ist er sehr viel lauter, in etwa so laut wie ein altes Motorrad mit abgesägtem Krümmer oder ein Düsenflugzeug im Probelauf. Laut Studien kann der Lärm sogar zu dauerhaften Schäden im menschlichen Gehör führen. Vor dem Fernseher führte er dazu, dass Fans aus lauter Verzweiflung den Ton abdrehten. Das war vielen Zuschauern zuvor nur bei Johannes B. Kerner oder Wolf-Dieter Poschmann passiert.

Die FIFA hat dem Fußball mit ihrer Entscheidung, die Vuvuzelas nicht zu verbieten, einen Bärendienst erwiesen und alles erstickt, was Fankultur ausmacht: Gesänge auf den Rängen, ein Aufschrei bei einer Torchance, ein Auf und Ab der Emotionen, auch einmal eine Ruhepause. Alles wurde überlagert vom Dröhnen der Vuvuzelas. Die Menschen mussten weltweit das Dauergeräusch eines wild gewordenen Hummelschwarms über sich ergehen lassen. Das ist zweifelsfrei eines der schwärzesten Kapitel des Fußballs!

FALSCHE ABKÜRZUNG

Wie wenig Spaß die Verantwortlichen des Drittligisten Eintracht Braunschweig verstehen, erfuhr Selim Aydemir im März 2009 – im wahrsten Sinne des Wortes. Beim Regenerationstraining der A-Jugend stieg der 18-Jährige in die Straßenbahn, fuhr eine Station mit und schloss sich der Gruppe wieder an. Ein Lausbubenstreich zum Schmunzeln. Eigentlich. Nicht so in Braunschweig: Aydemir wurde humorlos gefeuert.

SCHLÜPFRIGER SPOTT

«When you sit in row Z and the ball hits your head,
it's Zamora.»

(Gesungen nach der Melodie des Dean-Martin-Hits «That's Amore». Die Fans von Brighton & Hove Albion, für die Robert Lester «Bobby» Zamora von 2000 bis 2003 spielte, waren von der Chancenverwertung ihres jungen Stürmers damals nicht wirklich überzeugt. Umso mehr allerdings von seiner Wirkung auf das weibliche Publikum, was zu folgender Modifikation des Fangesangs führte:)

«When the ball hits the net and the women get wet,
it's Zamora.»

PAY-PER-TALK

Es mag an jahrzehntelanger Routine liegen, jedenfalls kann man den Italienern nicht vorwerfen, sie würden einfallslos mit Problemen umgehen. Eine Sondersteuer auf Pornographie war nur eine der kreativen Ideen von Regierungschef Silvio Berlusconi, um der Finanzkrise zu begegnen und sein Konjunkturprogramm zu retten. Da wollten die um ihre Liquidität bangenden Vereine der Serie A nicht zurückstehen, und so dachten sich die mächtigen Klubchefs des Oberhauses eine besondere Dreistigkeit aus: Sie wollten Geld sehen, wenn ihre Spieler und Trainer den Medien Interviews geben. Und: Die Vereine sollten die Preise frei bestimmen können. Ob sie nach der Anzahl der Wörter, nach Brisanz oder doch eher nach Originalität abrechnen wollten, wurde nie geklärt.

HARTES LOS: TRAINER BEIM KFC

Der Job als Übungsleiter des KFC Uerdingen war lange Zeit nichts für sesshafte Menschen. Seit dem Bundesligaabstieg 1996 wechselte der Verein seine Trainer schneller als die Trikots; wer sich zumindest eine komplette Saison auf der Bank hielt, galt bereits als Urgestein. Bei einem derartigen Verschleiß überrascht es nicht, dass sich die Rheinländer irgendwann auf neuen Märkten nach frischem Personal umsehen mussten – warum nicht auch bei eBay? Dort erschien jedenfalls im Januar 2008 das Angebot, Coach beim damaligen Fünftligisten zu werden.

Und es fanden sich tatsächlich Interessenten. Den Zuschlag in der Trainerlotterie erhielt ein 47-jähriger Geschäftsmann aus Bonn, und der saß dann auch gleich einen Tag später im Freundschaftsspiel gegen Rot-Weiß Oberhausen auf der Bank des DFB-Pokalsiegers von 1985. Nach dem Abpfiff wurde er allerdings sofort wieder gefeuert. Das lag aber nicht an Uerdingens 0:3-Niederlage, sondern war von vornherein Teil der Auktionsbedingungen: Die Amtszeit war auf ein Spiel beschränkt. Die Trainerauktion diente nämlich einzig dem Zweck, etwas Geld in die leere Vereinskasse zu bekommen. Das klappte prima: Der sportbegeisterte Geschäftsmann ließ sich den Platz auf der Kommandobrücke immerhin gut 4000 Euro kosten. Drei Jahre zuvor hatte der seit dem Ausstieg der Bayer-Werke chronisch von der Pleite bedrohte Klub schon einmal eine ähnliche Aktion gestartet. Damals war ein Platz im Mannschaftskader meistbietend versteigert worden.

Wer sich schon lange gefragt hat, warum es in Uerdingen eigentlich ständig an Geld fehlt, mag zum Jahreswechsel 2009/2010 einer Antwort näher gekommen sein. Da nämlich gab der mittlerweile in der sechsten Liga versackte Traditionsverein die Verpflichtung des Brasilianers Ailton bekannt. Alle, die diese Meldung für einen schlechten Witz hielten, sahen sich bestätigt, als der Ex-Torschützenkönig der Bundesliga seine ersten Spiele für den KFC absolvierte. An den einstigen «Kugelblitz» erinnerte nur noch die Statur des 36-Jährigen, und obwohl er nach nur acht Ligaspielen immerhin schon einen Treffer auf dem Konto hatte, hielt sich hartnäckig die Kritik, dass es reiner Irrsinn war, einen abgehalfterten Profi mit einem fürstlichen Gehalt in die Niederrheinliga zu locken. Nur ein halbes Jahr später endete das Abenteuer Ailton vorzeitig und im Streit. Die meisten Fans in Krefeld waren sich da längst einig: Im Zweifel ist es besser, sich nicht nur Trainer, sondern auch Spieler und Vorstand bei eBay zu suchen.

DOPPELMORAL

«Es gibt keine Schwulen im Fußball. Ich habe was gegen sie. Mit Sicherheit hätte ich keinen unter Vertrag genommen. Ich kenne den Sport, und ein Schwuler würde hier nie überleben. Hier steht man mit anderen nackt unter der Dusche.»

(Luciano Moggi, ehemaliger Manager von Juventus Turin und zentrale Figur des italienischen Fußballskandals 2006. Er soll unter anderem Schiedsrichter für freundliches Pfeifen mit Prostituierten versorgt haben.)

AUFSCHNEIDER

«Ich habe einige Abenteuer erlebt. Sagen wir, es waren zwischen 600 und 700 Frauen, 20 davon gehören ins Show-Business.»

(Diese Information wollte der italienische Nationalstürmer Antonio Cassano der Nachwelt nicht vorenthalten. Aber was soll man schon von einem Fußballer halten, der mit gerade einmal 26 Jahren seine Biographie veröffentlicht?)

NOCH EIN FEIND …

«Mourinho muss man einfach nur in die Fresse hauen.»

(Pietro Lo Monaco als Manager von Erstligist Catania am 24. Oktober 2009 über Trainer José Mourinho. Dessen Team Inter Mailand hatte gegen Catania 2:1 gewonnen – durch zwei Eigentore. Doch Mourinho verspottete den Gegner nach dem Spiel: «Wir hätten 5:1 gewinnen können, selbst mit mir im Tor.»)

FEHLENDE TIEFE

Dass Schiedsrichter ihre Fehlentscheidungen ungern zugeben, ist ja hinlänglich bekannt und auch gut nachzuvollziehen. Dafür zu sorgen, dass ihre Fehler vom Zuschauer gar nicht erst oder zumindest nur sehr viel schwieriger erkannt werden, ist allerdings neu. Und so durfte die Idee, die DFB-Schiedsrichter-Boss Herbert Fandel Anfang August 2010 äußerte, durchaus als abenteuerlich, ja dreist bezeichnet werden: Um seine Untergebenen bei strittigen Urteilen zu schützen, sollten TV-Bilder zensiert werden. Der konkrete Vorschlag: Die Zeitlupe soll abgeschafft werden. Fandels Begründung: Die Zeitlupe zeige nicht die Wahrheit. Den Wiederholungen fehle «die dritte Dimension – die Tiefe ist nicht da». Die aber fehlte vor allem seinen Ausführungen …

EIN VOLLPFOSTEN IM TOR

Arek Onyszko hat in seinem Leben ausreichend Gründe geliefert, ihn eher kritisch zu betrachten. Keineswegs vorwerfen lassen muss sich der polnische Torwart allerdings übertriebene Anbiederei. Denn ein radikaler Schwulenhasser, der auch mal eine Frau verprügelt, dürfte es außerhalb diesbezüglich toleranter Kreise von Hooligans, Neonazis oder sonst wie Schwerstverwirrten nicht gerade leicht haben, als netter Kerl zu gelten.

In den ersten Jahren seiner Profilaufbahn hatte Onyszko noch durch sportliche Leistungen auf sich aufmerksam gemacht, zweimal stand er sogar im Tor der polnischen Nationalmannschaft. Auch nach seinem Wechsel in die erste dänische Liga 1998 gab es lange Zeit keine dramatischen Auffälligkeiten. Im Jahr 2009 lernte die Fußballwelt dann aber das andere Gesicht des Arek Onyszko kennen. Zunächst wurde bekannt, dass der kahlköpfigen Keeper seine Ex-Frau schwer misshandelt hatte. Ein dänisches Gericht verurteilte den Schläger deshalb zu drei Monaten Haft auf Bewährung, sein Klub Odense BK warf ihn raus.

Der damals 35-Jährige fand zwar mit dem FC Midtjylland recht schnell einen neuen Arbeitgeber, fast ebenso schnell war er den Job aber wieder los. Grund war das Erscheinen seiner Autobiographie: In dem Buch *Fucking Polak* ließ er die Öffentlichkeit freimütig an seinem Leben und an seinen Ansichten teilhaben. Dazu zählte das Bekenntnis, dass er Schwule hasse, Homosexuelle finde er «zum Kotzen». Wem bei einem wie Onyszko einfach nur übel wird, gilt übrigens als kerngesund.

⚽ ⚽ ⚽

KARRIERECHANCE

«So wie er mich behandelt hat, könnte ich nun brasilianischer General werden.»

(Brasiliens Nationalspieler Rafinha über die angeblich viel zu harten Methoden seines ehemaligen Schalker Trainers Felix Magath)

⚽ ⚽ ⚽

VERFLUCHTE REGELN

Für die gestandenen Machos im Verein war es schon ein echter Tiefschlag, als Francesca Menarini im September 2008 das Kommando beim FC Bologna übernahm. Doch kaum hatten sie ausreichend Luft geholt, um die unglaubliche Entscheidung, einer Frau das Präsidentenamt zu überlassen, angemessen zu kommentieren, mussten sie alle Zoten und Flüche gleich wieder runterschlucken. Denn mit einer ihrer ersten Amtshandlungen brachte Signora Menarini, im Nebenberuf übrigens Tochter des Klubbesitzers, die Kritiker erst mal zum Schweigen: Sie untersagte den Gebrauch von Kraftausdrücken beim italienischen Erstligisten.

Den Spielern des Traditionsvereins teilte die strenggläubige Katholikin höchst persönlich mit, dass in Bologna nunmehr Schluss sei mit für Fußballer eigentlich unverzichtbaren Floskeln wie «Maledetto Stronzo» (verfluchtes Arschloch) oder «Figlio di

Puttana» (Hurensohn). Selbst ein vergleichsweise kumpelhaftes «Testa di Cazzo» (Vollidiot) und das eigentlich absolut salonfähige «Vaffanculo» (leck mich) sollten sich die Herren in Zukunft bitte schön verkneifen. «Ich habe die Mannschaft gebeten, das Fluchen zu vermeiden», fasste Präsidentin Menarini ihre Ansprache anschließend in wohlgesetzten Worten zusammen und betonte, dass die FC-Profis keinerlei Widerspruch geäußert hätten. Das wundert uns nicht. Derart eines Großteils ihres Sprachschatzes beraubt, fehlten den Spielern vermutlich schlichtweg die Worte.

Weil Körper und Geist mitunter eine Einheit bilden, überrascht es nicht, dass sich die Blockade im Sprachzentrum auch auf die sportlichen Leistungen auswirkte. Die ersten fünf Ligaspiele unter der Regie der Signora gingen allesamt verloren; am Ende der Saison schaffte Bologna gerade noch den Klassenerhalt in der Serie A. Auch Francesca Menarini musste einsehen: Das war verdammt knapp.

MIT MASKOTTCHEN IN DEN KNAST

So mancher mag das Maskottchen der WM 2006 als ästhetisches Verbrechen empfunden haben, strafbar allerdings sind solche Verstöße gegen den guten Geschmack in der Regel nicht. Der «Goleo»-Produzent landete trotzdem im Gefängnis. Ein Richter verurteilte Ottmar Pfaff, Gründer der Plüschtierfirma «Nici», 2007 zu sechseinhalb Jahren Haft. Nicht jedoch wegen der Vermarktung der völlig missglückten Löwenmutation, sondern wegen Betrugs. Bei einem, der das ganze Jahr lang von Figuren wie «Goleo» umgeben ist, hätten wir auf mildernde Umstände plädiert.

Die Flop-Elf der WM-Maskottchen:

1. **«Ato», «Nik» und «Kaz» (Japan und Südkorea 2002)**
   Vor den schrill leuchtenden Aliens hätten auch die Ghostbusters umgehend Reißaus genommen. Die asiatischen Gastgeber konnten sich problemlos von dem Turnschuh-Trio distanzieren – die Figuren hatten betont runde Augen.
2. **«Tip und Tap» (Deutschland 1974)**
   Die Klontechnik existierte damals nur im frühen Experimentier-Stadium. Das erklärt, warum der Versuch, Ernie und Bert zu kopieren, derart in die Hose ging.
3. **«Footix» (Frankreich 1998)**
   Der gallische Hahn wurde zur Groteske. Unklar ist, ob eine frühe Form der Vogelgrippe für das ungesund blaue Gefieder verantwortlich war oder aber das arme Vieh bei einem französischen Atomversuch nicht schnell genug vom Atoll flattern konnte.
4. **«Pique» (Mexiko 1986)**
   Eine Chilischote mit Schnauzbart und Sombrero. Dazu ein dicker Bauch und Riesenfüße – kein Wunder, dass der Hals so lang und dünn war – bei «Piques» Anblick überkam einen einfach das Bedürfnis, das Ding zu würgen.
5. **«Naranjito» (Spanien 1982)**
   Die fette Kugel im zu engen Trikot litt unter einer abnormen Stellung der Füße und hatte Arme, die auf Höhe der Nase begannen. «Naranjito» sollte eine Orange darstellen – sofern sie das erkannten, wussten die spanischen Fans wenigstens, womit sie ihre Mannschaft nach dem Ausscheiden in der Zwischenrunde bewerfen konnten.
6. **«Goleo» (Deutschland 2006)**
   Wer außer den FIFA-Intellektuellen wäre in der Lage gewe-

1

2

3

4

5

6

7

8

9

10

11

sen, auf derart geniale Weise das englische Wort für Tor – «Goal» – mit dem Schlachtruf «Olé» und einem «Leo» (für Löwe!) zu vereinen? Ein echter Brüller. Auch optisch: Dämlicher als das 06er-Maskottchen kann man nicht gucken. Sieht aus wie ein grenzdebiler Vetter von Samson aus der Sesamstraße, was Lästermäuler vermuten ließ, «Goleos» Mutter habe während der Schwangerschaft geraucht.

7. **«Gauchito» (Argentinien 1978)**
   Auf den ersten Blick wirkte das Kerlchen im blau-weiß gestreiften Trikot ganz niedlich – bis man ihm in die pechschwarzen Augen sah und die Peitsche hinterm Rücken entdeckte. Das war wohl als kleine Erinnerung daran gedacht, dass dieses Turnier in einem Land stattfand, in dem eine Militärjunta herrschte.
8. **«Ciao» (Italien 1990)**
   Bunt zusammengewürfelt aus den Nationalfarben des Gastgeberlandes bewies diese beklagenswerte Figur, dass italienisches Design keineswegs geschmackvoll sein muss. Besonders pfiffig: Auf dem ungelenken Körper thronte als Kopfersatz ein Fußball – tolle Idee!
9. **«Juanito» (Mexiko 1970)**
   Der dickliche Junge mit übergroßem Hut und zu kurzem Hemd bestach durch einen Gesichtsausdruck, der uns signalisierte, dass hier entweder ein Hinterhofschlachter oder ein Weltklassestürmer heranwächst. Bei beiden Berufen soll zu viel Nachdenken ja eher von Nachteil sein.
10. **«Striker» (USA 1994)**
   Die Amis und der Fußball – was sollte man da vom WM-Maskottchen groß erwarten? So gesehen waren wir gar nicht allzu enttäuscht über die talentfreien Bemühungen, einen entfernt hundeähnlichen Disney-Verschnitt zur Werbefigur des Turniers zu machen. Armer Köter.

11. «Zakumi» (Südafrika 2010)

Es musste eines der «Big Five» sein, natürlich. Elefant? Zu groß! Büffel? Klingt nach Arbeit! Nashorn? Horn fällt immer ab! Löwe? Gab's schon in Deutschland. Also wurde es ein Leopard mit zucchiniähnlichem Dreadlock-Gestrüpp auf dem Kopf, einem bekifften Lächeln im Gesicht und hergestellt in China. Kurz vor der WM kamen Gerüchte über unmenschliche Arbeitsbedingungen und Kinderarbeit auf. Die FIFA stoppte die Produktion. Das Ding verkaufte sich sowieso nicht so toll.

FALSCHE RICHTUNG

Wenn eine Mannschaft sechs Tore schießt und trotzdem verliert, liegt der Verdacht nahe, dass irgendetwas nicht so recht gestimmt hat. Im Fall von Hannover 96 war es im Dezember 2009 die Richtung, in die exakt die Hälfte der erfolgreichen Torschüsse abgegeben wurde – sie landeten nämlich im eigenen Netz. Damit legten die Niedersachsen nicht nur den Grundstein für eine 3:5-Niederlage bei Borussia Mönchengladbach, mit drei Eigentoren in 90 Minuten stellten sie überdies einen Bundesligarekord auf. Einen Eintrag in eine jener Listen, auf denen man eigentlich nicht stehen möchte, sicherte sich an diesem Nachmittag auch Karim Haggui. Hannovers tunesischer Nationalspieler traf nämlich gleich zweimal ins eigene Netz – das war vor ihm mit Dieter Bast, Dieter Pulter, Gerd Zimmermann, Per Roentved und Nikolče Noveski erst fünf Bundesligaprofis gelungen.

RAMSCHVERKAUF BEI REAL

Philosophen tun sich seit je schwer, eine griffige Antwort auf die Frage zu finden, was ein Mensch wert ist. Im Profifußball ist man da bekanntlich weniger zimperlich; mitunter allerdings mit bitteren Folgen, wie der Fall des Spaniers Marcos Tebar zeigt:

Zwölf Jahre lang spielte Tebar für Real Madrid; erst in der Jugend, dann für das Reserveteam. In der «Ersten» reichte es für den Mittelfeldmann bis zum Sommer 2010 nur zu Kurzeinsätzen, und mit mittlerweile 24 Jahren waren seine Chancen, doch noch den großen Durchbruch zu schaffen, eher überschaubar. Doch plötzlich schien sich das Blatt zu wenden: Zu Beginn der neuen Saison zählte Tebar zu einer Handvoll von Spielern aus der zweiten Reihe, die Trainer José Mourinho zum Training der Königlichen geladen hatte. Und nach den ersten Einheiten war der Mittelfeldspieler voll der Hoffnung und zugleich des Lobes für Mourinho: «Er behandelt uns, als wären wir Stammspieler. Das steigert unsere Moral und das Selbstvertrauen natürlich erheblich.»

Dass Tebar das neugewonnene Selbstvertrauen dringend brauchen würde, weil es mit Mourinho und der Moral bei Real Madrid so eine Sache ist, stellte sich wenige Tage später heraus, als sein Traum von der Karriere bei den Königlichen mit einem lauten Knall platzte. Denn Real entschloss sich nicht nur, den Spieler zu verkaufen, sondern verramschte ihn auf eine Art, die weltweit für Aufsehen und Kopfschütteln sorgte: Marcos Tebar wurde für eine Ablösesumme von genau 100 Euro an den Zweitligisten Girona abgegeben. Abgestempelt als billigster Profi aller Zeiten, verschwand er damit zumindest von der Gehaltsliste der Madrilenen.

Mit 24 Jahren wusste auch Marcos Tebar eine Antwort auf die

Frage, was ein Mensch wert ist: im Profifußball manchmal so gut wie nichts.

⚽ ⚽ ⚽

PÜNKTLICHER ABFLUG – DIE FLOP-ELF DER SCHNELLSTEN ROT-SÜNDER

1. Walter Boyd (FC Swansea, Wales/1999)
   0 Sekunden
2. Keith Gillespie (Sheffield United, England/2007)
   0 Sekunden
3. Lee Todd (Cross Farm Park Celtic, England/2000)
   2 Sekunden
4. David Pratt (Chippenham Town, England/2008)
   3 Sekunden
5. Patrick Tronorg (Brønshøj, Dänemark/2009)
   8 Sekunden
6. Giuseppe Lorenzo (FC Bologna, Italien/1990)
   10 Sekunden
7. Bajram Sadrijaj (Borussia Dortmund/DFB-Pokal 2008)
   12 Sekunden
8. Zé Carlos (Cruzeiro Belo Horizonte, Brasilien/2009)
   12 Sekunden
9. Kevin Pressman (Sheffield Wednesday, England/2000)
   13 Sekunden
10. Ronaldo Marconato (Atletico Paranavai, Brasilien/2008)
    16 Sekunden
11. Mateja Kežman (Serbien-Montenegro/EM 2000)
    37 Sekunden

⚽ ⚽ ⚽

AUF EINEN SCHLAG BEKANNT

Ein alternder Fußballer, der den Herbst seiner Laufbahn in der vierten Liga verbringt, hat nicht viele Gelegenheiten, international auf sich aufmerksam zu machen. Der Italiener Giuseppe Giglio aber schaffte es im Februar 2010, über die Landesgrenzen hinaus Schlagzeilen zu machen: Als erster Profi wurde er mit einem europaweiten Stadionverbot belegt.

Im sardischen Derby zwischen Alghero und Olbia Calcio war Gästestürmer Giglio zunächst glücklos gewesen, dann jedoch gelang ihm ein spektakulärer Treffer – er streckte den gegnerischen Torwart mit einem Faustschlag nieder. Was folgte, waren die üblichen Tumulte und eine überaus verdiente Rote Karte. Doch mit dem Platzverweis war die Angelegenheit für Giuseppe Giglio noch nicht beendet. Ein lokaler Polizeichef hatte den Vorfall aufmerksam verfolgt und erinnerte sich an einen Erlass, der ursprünglich ergangen war, um Hooligans von Fußballplätzen fernzuhalten: Gewalttäter können mit weitreichenden Stadionverboten belegt werden. Weil der Polizist keinen qualitativen Unterschied zwischen Schlägern auf den Rängen und auf dem Feld erkennen konnte, verbannte er Giglio für ein Jahr von allen Fußballplätzen.

Doch Italiener, das wissen wir dank Mafia und Berlusconi, stehen einem guten Handel in aller Regel aufgeschlossen gegenüber. Und so bedeutete das Stadionverbot keineswegs, dass Giuseppe Giglio nicht mehr spielen durfte. Man verständigte sich auf eine Ausnahmegenehmigung, nach der sich Giglio zwar als Zuschauer vom Stadiontor fernhalten musste, als Spieler jedoch das Tor des Gegners sehr wohl bestürmen durfte. Als die Entscheidung bekannt wurde, soll der Fußballprofi prompt wieder die Hand zur Faust geballt haben – zum Zeichen des Jubels.

ÜBERMÄCHTIG

«Er ist Richter, Jury und Henker. Der Typ hat meine WM gekillt.»

(Australiens Stürmer Harry Kewell, für den die Weltmeisterschaft in Südafrika nach 23 Minuten beendet war. Schiedsrichter Roberto Rosetti aus Italien hatte ihm nach einer umstrittenen Szene im Vorrundenspiel gegen Ghana wegen Handspiels die Rote Karte gezeigt.)

⚽ ⚽ ⚽

«BLÖDE SAU» STATT WELTMEISTER

Mit wenigen Worten und in buchstäblich letzter Minute brachte sich Erwin Kremers um die Chance, seine Karriere mit dem WM-Titel zu krönen. Am 34. Bundesligaspieltag trat der Stürmer am 18. Mai 1974 mit dem FC Schalke in Kaiserslautern an. Es lief die 90. Minute, der FCK führte mit 4:0, die Saison war so gut wie beendet. Doch Kremers sorgte noch für einen finalen Paukenschlag: Der Schalker beschimpfte Schiedsrichter Max Klauser als «blöde Sau» – und sah die Rote Karte. Der DFB strich den Europameister von 1972 daraufhin aus dem Kader für die WM '74, Kremers bestritt nie wieder ein Länderspiel.

⚽ ⚽ ⚽

«KÖNIG OTTO»: KRONE OHNE ZACKEN

Der Bundespräsident verleiht Otto Rehhagel das Verdienstkreuz 1. Klasse des Verdienstordens der Bundesrepublik Deutschland. Was wie ein Scherz klang, wurde am 12. Mai 2005

Realität: Der damalige Nationaltrainer des EM-Siegers Griechenland erhielt die Auszeichnung in seiner Heimatstadt Essen. Wofür? Und: Wo zahlt Rehhagel Steuern? Erfolge ja, aber sonst? Rehhagel hätte erwartet, dass wir Sirtaki tanzen – nur für ihn. Niemals.

Der einst rustikale Verteidiger («Die sollen sich nicht so anstellen, bei mir zählen nur glatte Brüche als Verletzungen»), Sohn eines Bergarbeiters, hatte sich zum Feingeist entwickelt. Und das fing in seiner Zeit als Bundesligatrainer in Bremen (1981–1995) an. Böse Zungen behaupten, Gattin Beate habe ihm sorgsam das Essen mit Messer und Gabel beigebracht («Frauen: das beste Trainingslager»). Genug Offenheit vermittelte sie ihm jedenfalls nicht. Er bügelte junge Journalistinnen ab, die daraufhin bereit waren, ihren Job hinzuschmeißen. Und er forderte von seinen Spielern die eheliche Gemeinschaft. Feste Bindungen fördern die Leistung. Fordern und fördern – das klingt wichtig.

Otto Rehhagel darf Helmut Kohl duzen, umgibt sich mit Künstlern. Er ist ein Kind des Wirtschaftswunders, gibt gern den Bildungsbürger: Er zitiert die Bibel, Goethe und Schiller, er liest Rilke. Und als er während seiner Zeit beim FC Bayern München in Schwabing wohnte, stand auf seinem Türschild der Name «Rubens». Eine Münchner Zeitung spottete: «Vom Malermeister zum Meistermaler».

Rehhagel hat die Volksschule besucht und eine Anstreicherlehre gemacht. Eine solide Basis, eigentlich. Otto Rehhagel war's nicht genug, er wollte immer der Gralshüter hoher Moral und Ehre im Berufsfußball sein.

In der Saison 1998/1999 zeigte er, wie weit es damit bestellt ist. Als Trainer Kaiserslauterns hatte er im Spiel gegen Bochum (2:3) mit Pascal Ojigwe unerlaubt einen vierten Nicht-UEFA-Ausländer eingewechselt. Wenig später bemerkte Rehhagel seinen Fauxpas. Statt, wie so gern erprobt, den Souverän zu geben und zu seinem Fehler zu stehen, reagierte er hektisch mit einem Betrugsversuch. Er forderte den Ägypter Hany Ramzy auf, eine Verletzung vorzutäuschen. Der tat es pflichtbewusst, krümmte sich vor Schmerz auf dem Boden und wenig später vor Lachen auf der Bank. Harry Koch, ein Deutscher, kam für ihn ins Spiel. Der Betrugsversuch des Otto Rehhagel flog auf, weil Bochums Trainer Klaus Toppmöller den Schiedsrichter Dr. Wack in der Halbzeitpause auf die Regelwidrigkeit aufmerksam machte.

Vermutlich aber, und das scheint die Denkweise Rehhagels zu sein, haben nur die Medien Schuld. Schließlich hatten ihn die Kameras entlarvt. Er hat sie nie gemocht, die Journaille. Sie versteht ihn nicht. Und sie ist es eigentlich auch nicht wert, ihn zu verstehen. Auf einer Pressekonferenz vor vielen Jahren verlangte er in gewohnt ottokratischem Ton: Fachfragen, bitte nur Fachfragen! «Ich muss das Kinderzimmer meiner Tochter neu streichen», meldete sich ein Reporter, «welche Dispersionsfarbe würden Sie mir empfehlen?» Auf die berechtigte Frage gab es keine Antwort.

KAISER FRANZ IM WUNDERLAND

«Sag dem Kraut, er soll gefälligst seinen Arsch nach vorn bewegen. Ich zahle nicht so viel Geld für einen Spieler, der bloß hinten in der Abwehr rumhängt.»

(Einer der Bosse von Cosmos New York zu seinem Trainer, der es gewagt hatte, Franz Beckenbauer als Libero einzusetzen)

AUF DEN SCHEITERHAUFEN MIT DEN SPIELERFRAUEN

Verbrennt die Witwen», hatte vor Jahren der Journalist Henryk M. Broder gefordert und dabei jene Damen gemeint, die mit gefletschten Zähnen das Erbe großer Schriftsteller oder erfolgreicher Zeitungsverleger bewachen. Wären Broder die Sitten und Gebräuche der Frauen von Fußballprofis vertraut gewesen, hätte er wohl sein Pamphlet mit einem Kanister Petroleum angereichert. Denn die Spielerfrauen verkörpern das, was das finanzielle Füllhorn der Fernsehrechte aus ihren Ehemännern gemacht hat: Neureiche, Emporkömmlinge, Parvenüs. Mit dem entscheidenden Unterschied, dass sie nicht so gut Fußball spielen wie der Gatte.

Nehmen wir Victoria Beckham mit dem freudlosen Gesicht, die aufgetakelt wie ein geschmackloses Zirkuspferd zum Empfang bei der Queen schritt. Die es unter ihrer Würde als ehemaliges Spice Girl empfand, im gleichen Luxushotel wie die anderen Frauen der englischen Nationalspieler abzusteigen und stattdessen eine eigene Villa forderte. Unter deren Würde es jedoch nicht war, einem Klatschblatt ihres Niveaus kichernd anzuvertrauen, dass David am liebsten ihre Unterwäsche trage.

Oder Bianca Illgner, die Ehefrau des früheren deutschen Nationaltorwarts. Die sich als Managerin ihres Gatten Bodo in Fernseh-Talkshows zur Schau stellte, derart gestylt, dass ihr in manchen Kreisen noch immer der Spitzname «Tiger-Lily» anhaftet, und die, wenn kritische Zwischenrufer ihre Bedeutung nicht zu würdigen verstanden, wie ein Teenager in beleidigtes Schweigen versank. Die, als seine Managerin, sicher nicht ganz unbeteiligt war an Bodo Illgners unrühmlichem Abschied aus der Nationalmannschaft bei der WM 1994. Und die auf dem Waschzettel des Verlags, der die gemeinsame Autobiographie der Illgners veröffentlichte, als «charismatisch, schön, intelligent, clever und zielstrebig» angepriesen wird. Wer hätte schon Lust, mit einer solchen Frau den Abend am Tresen zu verbringen?

Zum Glück gibt es auch noch Beispiele wie Daniela Leese, die Frau des früheren dritten Torwarts von Bayer Leverkusen. Ronald Reng erzählt in seinem Buch über Lars Leese von dem «FC Bräute», dem Damenkränzchen der Leverkusener Spieler («Der Konkurrenzkampf war hier mindestens so hart wie bei den Männern. Wer trug die auffälligsten Klamotten, wer das meiste Haarspray?») Und er erzählt, dass sich die Ehefrau von Christian Wörns eines Tages im VIP-Raum damit brüstete, wie teuer ihre neue Bluse gewesen sei, worauf prompt ein Löffelchen Tiramisu auf dem edlen Stück landete. Aber der ihr direkt gegenüber stehenden Daniela Leese sei es gelungen, die Rache wie einen unglücklichen Zufall aussehen zu lassen.

UNTERIRDISCH

«Wenn man auf meinen Grabstein eines Tages nur Hamburg 74 schreibt, weiß jeder, wer darunter liegt.»

(Jürgen Sparwasser, Torschütze beim 1:0-Sieg der DDR im WM-Gruppenspiel gegen die BRD am 22. Juni 1974 in Hamburg)

EIN KAISER UND EIN PISSER

Was haben der englische Stürmer Wayne Rooney und Deutschlands Liberolegende Franz Beckenbauer, was andere nicht haben? Sie haben einen Spitznamen, dessen Herkunft auf einer Legende beruht.

WAYNE ROONEY

Bekannt ist: «Roon» wurde er genannt, «Roondog» rufen ihn die alten Mannschaftskollegen zu Hause, «Roonaldo» skandierten die Fans des FC Everton wegen seines ungeheuren Angriffstempos, das seine Anhänger an den brasilianischen Fußballweltmeister Ronaldo erinnert. Und später hieß er «Wazza», als Anspielung auf «Gazza», wie man Paul Gascoigne nannte, der Wayne Rooney als würdigen Nachfolger akzeptiert. Gascoigne wurde dadurch berühmt, dass er für England grandiose Tore erzielte, im Erfolgsrausch dem Suff verfiel, in Kneipen die Einrichtung zertrümmerte, sogar in einem Flugzeug, nachdem ihn jemand beim Schlafen gestört hatte. Wayne Rooney, der seit September 2004 für Manchester United stürmt, hat ebenfalls schon einige Eskapaden hinter sich.

Wahr ist: Wayne Rooney trägt den Spitznamen «Wazza» (frei übersetzt: Pisser) schon sehr lange. Er selbst sagte in einem seltenen Interview über dieses Thema: «Meine Freunde nennen mich seit meiner Kindheit so, irgendwann hat sich das auf den Fußball übertragen. Aber ich habe überhaupt keine Probleme damit.»

FRANZ BECKENBAUER

Bekannt ist: Beckenbauer selbst erzählt, der «Kaiser» sei anlässlich eines Bayern-Freundschaftsspiels in Wien erfunden worden – weil ein Fotograf ihn bat, sich neben die Büste von Kaiser Franz Joseph zu stellen.

Wahr ist: Der Journalist Raimund Hinko konfrontierte Beckenbauer in einem Interview erstmals mit der eigentlichen Herkunft seines Spitznamens: «Es war 1969, nach dem Pokalfinale gegen Schalke 04 (2:1). Da haben dich die Schalker Fans ausgepfiffen. Und daraufhin bist du während des Spiels in ihre Kurve gelaufen und hast den Ball tanzen lassen von einem Fuß auf den anderen, er tanzte auf dem Kopf, dem Oberschenkel, dem Spann – so lange, bis die Schalker schäumten vor Wut. Und da sie im Ruhrpott Stan Libuda «König» nannten, haben Hans Schiefele in der *Süddeutschen Zeitung* und der inzwischen verstorbene Bernd Hildebrandt in der *TV-München* geschrieben, du wärst der Kaiser.»

Beckenbauers bestätigende Antwort: «Na ja, wenn das der Schiefele sagt, dann wird's schon stimmen.»

DER METZGER UND DAS SCHNITZEL

Die Flop-Elf der blödesten Bundesliga-Spitznamen:

1. «Lutscher» (Torsten Frings)
2. «Schnitzel» (Tomas Rosicky)
3. «Metzger» (Uwe Dittus)
4. «Fiffi» (Helmut Kronsbein)
5. «Otze» (Frank Ordenewitz)
6. «Zecke» (Andreas Neuendorf)
7. «Flipper» (Jürgen Klinsmann)
8. «Schweini» (Bastian Schweinsteiger)
9. «Ata» (Michael Lameck)
10. «Schädel» (Harry Karger)
11. «Ömmes» (Gerhard Kentschke)

DEUTSCHLANDS SCHÄNDLICHSTER SIEG

Das war die stille Übereinkunft von 22 sportlichen Ganoven.» Auf nüchtern westfälische Art zog Alt-Nationalspieler Willi

Schulz nach dem schäbigsten Spiel der deutschen Länderspielgeschichte Bilanz. Gerade hatte Deutschland bei der WM 1982 in Spanien das entscheidende Spiel der Gruppe 2 mit 1:0 gegen Österreich gewonnen. Weil mit diesem Resultat beiden Mannschaften der Einzug in die nächste Runde sicher war, hatten sie nach Hrubeschs Treffer in der 11. Minute kurzerhand die Arbeit eingestellt. Um nicht versehentlich doch noch ein Tor zu erzielen, beschränkten sie sich für den Rest der Spielzeit auf risikoloses Ballgeschiebe fernab der Strafräume. Die Leidtragenden dieser «schändlichen Wiederholung des ‹Anschlusses› von 1938», wie der britische WM-Chronist Brian Glanville lästerte, waren die punktgleichen Algerier, die dadurch mit der schlechteren Tordifferenz ausschieden.

Die gesamte Fußballwelt – einschließlich der deutschen und österreichischen Presse – schrie «Betrug», «Manipulation» oder zumindest «grobe Unsportlichkeit», nur die Täter verstanden die Welt nicht mehr. Während Bundestrainer Jupp Derwall in mehrere Fettnäpfchen gleichzeitig trat («Ich freue mich immer, wenn europäische Mannschaften weiterkommen») und Verteidiger Hanspeter Briegel den Ahnungslosen mimte («Warum pfeifen die? Wir haben doch 1:0 gewonnen»), erklärte Bayern Münchens Wolfgang Dremmler kühl: «Auf das Ansehen des deutschen Fußballs muss ich als Profi nicht sehen.» Und der stets profitorientierte Paul Breitner blaffte nach dem Spiel einen fassungslosen Reporter an: «Haben Sie denn überhaupt nichts begriffen?» Die Namen der deutschen «Ganoven»: Schumacher, Kaltz, Stielike, K. Förster, Briegel, Dremmler, Breitner, Magath, Rummenigge, Littbarski, Hrubesch. Eingewechselt wurden Fischer (für Hrubesch) und Matthäus (für Rummenigge).

GELD UND GEIST

«7000 Pfund die Woche mögen genug sein für einen Obdachlosen, aber nicht für einen Nationalstürmer der Spitzenklasse wie mich.»

(Pierre van Hooijdonk, holländischer Spieler, zu einem Angebot von Celtic Glasgow – Mitte der neunziger Jahre, als die Gehälter der Fußballprofis noch nicht explodiert waren)

DER GESTRANDETE GOLDFISCH

Eine der bemerkenswertesten Fehlinvestitionen in der Bundesliga-Geschichte machte der Hamburger SV im Sommer 1997. Kolportierte 700 000 Mark Ablöse plus Gehalt ließ sich der Verein ein gut 40-minütiges Gastspiel des Bulgaren Martin Zafirov kosten.

Auf der Suche nach neuen Spielern tat sich der finanziell und sportlich daniederliegende HSV damals verstärkt auf den Sonderposten-Transfermärkten Osteuropas um. Bei Lokomotive Sofia wurden die Hamburger fündig. Dort belebte ein junger Mann das Offensivspiel, der bestens ins Anforderungsprofil der Schnäppchenjäger aus der Bundesliga passte – er war bezahlbar und bereit, zu einer mittelmäßigen Truppe in den Westen zu wechseln.

Den HSV-Verantwortlichen war durchaus bewusst, dass es sich um jenen Martin Zafirov handelte, der im Jahr zuvor ein Probetraining bei den Regionalliga-Amateuren des Klubs absolviert hatte und als unbrauchbar abgewiesen worden war. Aber das war schließlich schon eine Weile her, und vermutlich hatte der Bulgare damals einfach ein paar schlechte Tage. Manager Bernd Wehmeyer frohlockte jedenfalls, man habe sich einen «absoluten

Goldfisch» geangelt, und auch Frank Pagelsdorf, in seiner ersten Saison Trainer an der Elbe, wusste um die Vorzüge des zweimaligen Nationalspielers: «Er ist schnell, sucht den direkten Zweikampf und agiert sehr zielstrebig.» Am 6. August 1997 sollte Zafirov beweisen, dass diese Attribute auslegungsfähig waren.

15 300 Zuschauer waren an diesem Mittwochabend ins Stadion des VfL Wolfsburg gekommen, um am zweiten Bundesligaspieltag die Partie gegen den HSV zu sehen – sie erlebten ein mäßiges 1:1 und einen absolut rekordverdächtigen Auftritt: In der 46. Minute feierte Martin Zafirov Premiere, in der 87. Minute war seine Bundesligakarriere beendet. In der kurzen Zwischenzeit bewies er, dass Trainer Pagelsdorf beim Verteilen der Vorschusslorbeeren zumindest einige richtige Worte gewählt hatte: Der Bulgare zeigte extrem schnell, dass er nicht erstligatauglich ist, suchte den Zweikampf so direkt, dass er Rot sah, und manövrierte sich mit diesem Auftritt zielstrebig ins Aus.

Der «Goldfisch» spielte nie wieder für den HSV. Der Klub schob ihn umgehend wieder in seine Heimat ab und konnte am Ende sogar noch froh sein, dass der Fehleinkauf in Wolfsburg vom Platz geflogen war. Denn für die Rote Karte und einen falschen Einwurf musste Zafirov 600 Mark Strafe an den Verein zahlen. So holten sich die Hamburger immerhin einen Teil der Ablösesumme zurück.

FASCHISTEN UND RASSISTEN HOFFÄHIG GEMACHT

Drei Fälle genügten, um den Fußball zu beschmutzen. Und es sind die Entscheidungsträger, die Funktionäre, die braune Widerwärtigkeiten unterstützten oder zumindest nicht zu verhindern versuchten.

Fall 1: Der bekennende Faschist Paolo Di Canio, nebenberuflich Kapitän von Lazio Rom, provozierte die Fans beim Spiel in der kommunistischen Hochburg Livorno im Dezember 2005 mit dem Gruß seiner Gesinnungsgenossen. «Jeder kennt meine Ideen. Der römische Gruß ist Geschichte», sagte er nach dem Urteil. Ein Spiel Sperre, 8000 Euro Geldstrafe. Ein Stinkefinger bringt das Doppelte – mindestens. Schon zuvor im Derby gegen den AS Rom hatte Di Canio den rechten Arm zum Gruß gestreckt. Damals musste er 10 000 Euro zahlen. Italiens Ministerpräsident Silvio Berlusconi, gleichzeitig Besitzer des AC Mailand, verstand den Sünder: «Ich kenne Di Canio sehr gut. Er ist ein anständiger Typ. Er ist nur ein wenig extrovertiert.»

Fall 2: Der damals bei Arsenal London spielende französische Torjäger Thierry Henry hatte im Herbst 2004 endgültig genug von den Hasstiraden gegen farbige Spieler. Zu jener Zeit erfuhr er von den Äußerungen des spanischen Nationaltrainers Luis Aragonés, der seinen Arsenal-Mannschaftskollegen José Reyes mit den Worten motivieren wollte: «Zeig dem beschissenen Schwarzen, dass du besser bist.» In der Folge wurden schwarze Spieler vermehrt mit Affengeräuschen empfangen. Henry überredete einen Sportartikelhersteller zur Initiative «Stand up, speak up» gegen Rassismus im Fußball und in der Gesellschaft. Ronaldinho machte mit, aus Deutschland waren Otto Addo und Christoph Metzelder dabei. Zwei ineinander verschränkte Armbänder in Schwarz und Weiß visualisieren die Verbindung zwischen Spielern und Menschen aller Hautfarben. Überall kam die Idee gut an, nur nicht beim Fußballweltverband FIFA und beim DFB. Sie hatten nichts Besseres zu tun, als das Tragen der Gummibänder zu untersagen. In Regel 4 heißt es: «Jegliche Form von Schmuck – wie Leder- oder Gummiarmbänder – ist verboten und darf auch nicht mit Klebebändern abgedeckt werden.»

Fall 3: Mario Balotelli war in der Saison 2009/10 gerade einmal 19 Jahre alt und schon ein italienisches Symbol. Vor allem eines der Rassisten. Denn der Stürmer von Inter Mailand ist Italiener, aber er ist schwarz. Und das bekam der Sohn ghanaischer Immigranten in nahezu jedem Spiel zu spüren – sogar von den Fans des eigenen Vereins. Der Hass gipfelte in dem Schlachtruf «Se saltelli, muore Balotelli» (sinngemäß: Wenn du hüpfst, stirbt Balotelli). Also: Die Rassisten springen auf und ab und hoffen dabei inständig, er möge bald sterben. Und die Politiker der Lega Nord, in deren Stammland rund um Brescia Balotelli aufgewachsen ist, sorgten für die Legitimation. Durch die Fremdenflut drohe den Italienern ein Schicksal in Reservaten, schrien sie in die Megaphone und riefen zur «Weißen Weihnacht» auf. Alle Ausländer ohne Papiere sollten zu Heiligabend aus den Orten getrieben werden. Der kritische Journalist Gian Antonio Stella prangerte im *Corriere della Sera* treffend an: «Wir haben nichts gegen Migranten, solange sie unsichtbar bleiben. Solange sie uns nicht stören und keine Rechte haben. Sie dürfen nicht wie wir werden. Balotelli hat sich darüber hinweggesetzt.»

EIN SANFTER PITBULL

«Ich wollte weinen, als ich auf den Platz ging, aber ich konnte nicht, weil sie sonst hinterher gesagt hätten, ich sei ein schwuler Pitbull.»

(Der zwar tief bewegte, aber ebenso um seinen Ruf besorgte chilenische Nationalspieler Gary Medel nach seinem WM-Debüt am 16. Juni 2010. Der Verteidiger wird von seinen Kollegen liebevoll «Pitbull» genannt.)

SPUCKEN IST ZUM SPEIEN

Hollands Frank Rijkaard spuckte Rudi Völler im Achtelfinale der WM 1990 (2:1 für Deutschland) ins lockige Haar, von schräg hinten. Es ist der berühmteste Fall der größten Widerwärtigkeit, die es im Fußball gibt, aber es ist längst nicht der schlimmste. Was für einen Aufschrei sorgte, hätte in mindestens zwei weiteren Fällen lange Haftstrafen nach sich ziehen müssen. Der Fall Totti war übel, der Fall Lincoln ekelerregend.

Bei der EM 2004 in Portugal spuckte Italiens Starspieler Francesco Totti seinem dänischen Gegenspieler Christian Poulsen («Ich fühle mich gedemütigt») mitten ins Gesicht. «Ich erkenne mich auf den Bildern gar nicht wieder. Das ist nicht der echte Francesco, das war ein anderer», sagte Totti nach der Verhandlung. Er war soeben für drei EM-Spiele gesperrt worden. Die Veranstaltung war für den Römer vorbei. Mehr nicht. Der deutsche Vorsitzende der UEFA-Schiedsrichterkommission, Volker Roth, erläuterte immerhin: «Etwas Schlimmeres als Spucken gibt es im Fußball nicht.»

Im Ligapokalfinale Anfang August 2005 spuckte der Schalker Spielmacher Lincoln dem Stuttgarter Thomas Hitzlsperger direkt ins Gesicht, genauer noch: in den Mund. Hitzlsperger war perplex: «Ich bin enttäuscht. Nach so einer Aktion verliere ich jeglichen Respekt vor ihm als Mensch.» Lincoln selbst war es peinlich, er schäme sich, sagte er. «Ich werde meine gerechte Strafe zum Nachdenken nutzen.» Er musste gerade einmal vier Wochen nachdenken. Dann durfte er wieder spielen.

Gehen Sie doch mal ins Büro und spucken Ihren Gegenüber bei einer Besprechung einfach mal so an. Weil er etwas gesagt hat, was Ihnen nicht gefällt. Kommen Sie dann auch mit vier Wochen Arbeitsverbot davon? Lincoln hatte seinen Gegenüber gedemütigt. Er hatte dem Fußball geschadet. Der DFB versäumte es, ein klareres Zeichen zu setzen.

Jemanden zu bespucken ist unentschuldbar. Alexander Frei hat aber immerhin versucht, originell um Verzeihung zu bitten: Bei der EM 2004 in Portugal bespuckte der Schweizer seinen Gegenspieler, den Engländer Steven Gerrard. Frei wurde für drei Spiele aus dem Verkehr gezogen und tat das, was zu tun ist: Er ging direkt zu Gerrard, um sich zu entschuldigen. Er saß seine Sperre klaglos ab. Später übernahm der reuige Sünder die Patenschaft für ein Lama im Basler Zoo.

Wenn die Schweinegrippepanik im Herbst 2009 etwas Gutes hatte, dann dies: Zahlreiche Fußballverbände forderten die Spieler auf, nicht mehr zu spucken, nicht einmal mehr auf den Rasen. Der rumänische Verband ging am weitesten: Trainer, die auf diesen Appell an ihre Profis verzichten wollten, sollten als Strafe eine Schutzmaske tragen.

DER «PFÄLZER KNIFF»

Hans-Günter Neues war nie ein ganz Großer im Bundesligageschäft, doch wird ihm nachgesagt, in einer Disziplin ein absoluter Meister seines Fachs gewesen zu sein – im besonders fiesen Foulspiel.

Der Abwehrspieler hatte seine besten Jahre in den späten Siebzigern und frühen Achtzigern beim 1. FC Kaiserslautern, und seit dieser Zeit gilt er als Erfinder des «Pfälzer Kniffs». Grundlage dieser Spezialität ist die Fähigkeit, ein Foul sehr geschickt zu dosieren: Es gilt, den Gegenspieler so niederzustrecken, dass sich dieser eine Weile am Boden krümmt. Zugleich darf sich die Attacke aber maximal im Bereich der Gelbwürdigkeit bewegen, denn ein Ausschluss vom Spielgeschehen würde es unmöglich machen, zum eigentlichen Höhepunkt überzugehen.

Der beginnt damit, dass sich der Foulspieler über sein auf dem Rasen liegendes Opfer beugt und ihm, möglichst mit reuiger Miene, eine Hand entgegenstreckt. Dann muss alles sehr schnell gehen: Mit Zeigefinger und Daumen greift man in das Trikot des Gegners, schnappt sich mit zangenartigem Druck ein Stück Haut und dreht – wahlweise im oder gegen den Uhrzeigersinn. Anschließend entfernt man sich. Perfekt ausgeführt, kann der «Pfälzer Kniff» eine so wütende Reaktion beim Gefoulten hervorrufen, dass er sich zu einer Revanche-Tat hinreißen lässt und vom Platz gestellt wird.

Hans-Günter Neues ging stets überlegt zur Sache. Das belegt auch die Statistik: In 219 Bundesligaspielen sah er 35 Gelbe und drei Rote Karten, für einen Spieler seines Kalibers eine absolut vertretbare Bilanz.

AUS DER FUSSBALLGESCHICHTE GEMOBBT

Bei der WM 1930 in Uruguay waren Berichterstatter aus Europa noch handverlesen, und so sprangen nicht selten Spieler in die Bresche. Dieser Umstand führte zu einem der frühesten und womöglich auch niederträchtigsten Mobbinganschläge der Fußballgeschichte.

Im letzten Gruppenspiel der Franzosen gegen Chile (0:1) mussten zwei Spieler verletzungsbedingt passen, dafür kamen Èmile Veinante und Célestin Delmer ins Team.

Was Delmer nicht ahnte: Er musste lange warten, bis sein Einsatz auch offiziell anerkannt wurde. Der Mittelläufer wurde Opfer einer Verschwörung. Seine Mannschaftskollegen Augustine Chantrel und Marcel Pinel arbeiteten nebenbei für französische Zeitungen. Da sie Célestin Delmer nicht ausstehen konnten, ersetzten sie ihn in ihren Berichten durch Pinel. Erst 1992, also 62 Jahre später, entdeckte der französische Verband die Manipulation bei der Überprüfung seines Archivs. Einen Beweis hatten Pinel und Chantrel nicht vernichten können: das offizielle Mannschaftsfoto.

DIE SCHLECHTESTEN SIEGER

Wie vergänglich auch zweifelhafter Ruhm ist, erfuhr die Nationalmannschaft von Bhutan. Das südasiatische Königreich trug am 30. Juni 2002, dem Tag des WM-Finales, ein Spiel gegen die Auswahl der Karibikinsel Montserrat aus – zwischen den beiden damaligen Schlusslichtern der FIFA-Weltrangliste sollte die schlechteste Mannschaft der Welt ermittelt werden. Die Begegnung wurde zum Medienereignis, der Niederländer Johan Kramers, der das Treffen organisiert hatte, drehte einen Kinofilm darüber (*The Other Final*), und beide Teams wurden auf einen Schlag weltbekannt.

Doch Bhutan beging einen entscheidenden Fehler: Die Mannschaft gewann das Spiel glatt mit 4:0 und brachte sich damit um die vermutlich einzige Chance, jemals einen Titel zu holen. Als die Elf dann auch noch in der Qualifikation für den Asien-Pokal Guam mit 6:0 schlug und in der Mongolei ein 0:0 holte, war der Kultstatus endgültig verspielt. In der Weltrangliste rückte Bhutan ein gutes Dutzend Plätze nach oben, seither interessiert sich niemand mehr für die Fußballer vom Himalaya.

Auch Bhutans Gegner aus dem etwas anderen Endspiel ereilte

in den Folgejahren das Schicksal, nicht mehr schlecht genug zu sein. Montserrat verlor zwar weiter, aber nicht oft und hoch genug. Immerhin konnte das Land aber einen Platz unter den letzten fünf der Weltrangliste halten.

⚽ ⚽ ⚽

NORMAN BITES YOUR LEG

Als die härteste, weil hinterhältigste Mannschaft der englischen Fußballgeschichte gilt noch heute Don Revies Leeds United der sechziger und siebziger Jahre. Und der härteste unter allen harten Tretern des United-Teams war Abwehrspieler Norman Hunter, genannt «Norman bites your leg» (etwa: Norman Wadenbeißer), weil kein Schienbein und keine Kniekehle vor ihm Gnade fanden. Doch eines Tages widerfuhr es dem harten Norman, dass er selbst ins Bein gebissen wurde und auf der Trage den Platz verließ. Also rief Manager Don Revie bei Hunters Ehefrau an und bereitete sie schonend vor: «Sei stark, Norman kommt heute mit einem gebrochenen Bein nach Hause.» Die spontane Reaktion der mit seiner Arbeitsweise vertrauten Gattin: «Mit wessen Bein?»

⚽ ⚽ ⚽

FREUNDSCHAFT: FÜR MARADONA IST NUR BARES WAHRES

Diego Armando Maradona ist der beste Linksfuß aller Zeiten – und wohl auch der linkeste. Der Argentinier verzauberte die Fußballwelt bei der WM 1986 mit seiner unnachahmlichen Kunst und erzürnte sie erstmals mit seinem ergaunerten Tor gegen England («Die Hand Gottes»). Im November 2005 gab er einen erneuten Einblick in sein damals durch jahrelange Fress- und Koksorgien offenbar gänzlich zerstörtes Verhältnis zu Anstand und Ehre.

Eine Woche vor dem Abschiedsspiel des Brasilianers und Ex-Borussen Julio Cesar im Dortmunder Westfalenstadion sagte er sein Kommen in einem Interview herzenswarm zu: «Ich verlange keinen Cent von Julio. Ich würde für ihn durchs Feuer gehen. Es ist eine Ehre für mich, dass er mich überhaupt eingeladen hat.» Schließlich habe Leny, die Mutter von Julio, für beide gekocht («Es gab immer schwarze Bohnen mit Reis, Hühnchen und Rindfleisch»).

Einen Tag vor der Partie ließ sich Diego Armando Maradona sein inniges Verhältnis zu dieser gastfreundlichen Familie 20 Millionen Cent kosten. 200 000 Euro verlangte er als Gage für seinen Deutschlandbesuch. Das konnten die Organisatoren nicht zahlen. Die gebuchte Hotelsuite blieb leer und der Veranstalter auf den Kosten von 26 000 Dollar sitzen. Im Westfalenstadion sangen 35 000 Fans «Scheiß Maradona». Ein Idol kann sich nur selbst zerstören.

Am 28. Oktober 2008 wurde Maradona Trainer der argentinischen Nationalmannschaft, und vielleicht war es der letzte Schritt zum Größenwahn eines Menschen, der Widerspruch als Gotteslästerung empfindet. Kritikern entgegnete er nach schwachen Leistungen: «Denjenigen, die nicht an mich geglaubt haben, sage ich, ihr könnt mir einen blasen.» Und als nach dem Länderspiel im März 2010 in Deutschland der junge Bayern-Stürmer Thomas Müller zur Pressekonferenz kam, stand der sich unter seiner Würde behandelt gefühlte Maradona beleidigt auf und kehrte erst zurück, als Müller den Raum verlassen hatte. Der DFB übte so auf Kosten eines jungen Spielers den Kniefall vor einer Primadonna.

Die Stunde der süßen Rache folgte bei der WM 2010: Müller

schmiss Maradona raus. Beim 4:0 im Viertelfinale gegen Argentinien spielte er überragend und erzielte das 1:0. «Diego, der Junge heißt Müller», titelte die argentinische Sportzeitung *Olé*. Gut zwei Wochen nach der WM wurde Maradona entlassen.

VERNUNFT WIRD UNSINN ...

«Das ist doch einfach lächerlich: Wenn Maradona gegen England so ein Tor macht, jubelt jeder, das sei die Hand Gottes. Aber wenn mein Spieler hier das Gleiche versucht, zeigt der Schiedsrichter ihm sofort die Karte.»

(Bayer Leverkusens Trainer Dragan Stepanović zu einem Betrugsversuch, für den sein Stürmer Ulf Kirsten mit Gelb bestraft wurde)

DAS CHAOS DES KLEINEN HERRN KREITLEIN

Die Erfindung der Roten Karte verdankt die Fußballwelt einem kleinen schwäbischen Schiedsrichter, auch wenn die Rolle, die er in diesem Zusammenhang spielte, mit «unrühmlich» nur recht nachsichtig umschrieben ist. Der englische Augenzeuge Brian Glanville erinnert sich an das Viertelfinale England gegen Argentinien bei der WM 1966, das den Stein ins Rollen brachte: «Zynismus und Provokation der Argentinier prallten mit dem autoritären Gehabe des Herrn Kreitlein zusammen – und alles war ein einziges Chaos. Das Spiel hatte kaum begonnen, da legten die Argentinier los mit einer unerträglichen Serie von vorsätzlichen Fouls. Herr Kreitlein sauste hektisch hierhin und dorthin, verschärfte dadurch die Situation eher, als dass er sie beruhigte, und kritzelte Namen in sein Notizbüchlein wie ein Schuljunge, der die Seriennummern von Lokomotiven sammelt. Wo immer auch der zierliche Herr Kreitlein einherschritt, wurde er verfolgt von dem massigen und baumlangen (argentinischen Stopper) Rattin, der auftrat, als ob ihm der Platz ganz allein gehöre, schimpfend, protestierend, provozierend. … Neun Minuten vor der Pause protestierte er so heftig gegen die Verwarnung eines Mannschaftskameraden, dass er vom Platz gestellt wurde – und sich weigerte zu gehen. Rattins Verfehlung war zwar vergleichsweise harmlos, aber bei Herrn Kreitlein, dessen kahler Schädel in der Sonne leuchtete, war der Geduldsfaden gerissen. Er verstand zwar kein Spanisch, aber Rattins Gesichtsausdruck war ihm strafbar genug. Es folgten zehn lange Minuten voller Streit, Gezänk, Argumenten und Gegenargumenten, zwischendurch wollte die komplette argentinische Mannschaft das Feld verlassen, ehe die majestätische Gestalt des Schiedsrichterobmanns Ken Aston für Ordnung sorgte und Rattin ganz langsam davonschlenderte, den gesamten Platz umrundend und dabei unaufhörlich die Zuschauer beschimpfend.»

Später behauptete Rattin, er habe nicht verstanden, was der kleine Schiedsrichter von ihm gewollt habe. Zum Glück musste Ken Aston nach dem Spiel auf dem Heimweg an einer Verkehrsampel anhalten. Und deren Farbenspiel inspirierte ihn, zukünftige Verständigungsschwierigkeiten auf dem Platz durch Rote und Gelbe Karten zu umgehen – dem kleinen Herrn Kreitlein sei Dank.

ABSEITS IST ...

«... wenn dat lange Arschloch zu spät abspielt».

(Borussia Mönchengladbachs Trainer Hennes Weisweiler über seinen Spielmacher Günter Netzer)

⚽ ⚽ ⚽

DER RIESENSTAATSMANN SILVIO

Spätestens eine Woche nach seiner Ernennung zum Ministerpräsidenten am 11. Mai 1994 hätte den italienischen Wählern klar sein müssen, welch ein Ausbund an politischer Verantwortung und Weitsicht Silvio Berlusconi ist. Bei der Parlamentsdebatte am 18. Mai nämlich stürzte der neue Regierungschef Freund und Feind von einer Überraschung in die nächste. Während der Kommunistenfresser Berlusconi Angriffe der Linken mit beifälligem Grinsen und mitunter sogar mit kleinen Jubelschreien quittierte, verfinsterte sich sein Gesicht, wenn Abgeordnete seiner eigenen Bewegung «Forza Italia» das Wort ergriffen. Des Rätsels Lösung: Während sich die Parlamentarier in ihrer Sorge um Italien gegenseitig an die Gurgel gingen, verfolgte Berlusconi über Kopfhörer das Europacupfinale, das sein AC Mailand mit 4:0 gegen den FC Barcelona gewann. In glücklicher Unkenntnis des Parteienstreits um sich herum genoss der Vereinspräsident den Erfolg seines Teams in vollen Zügen.

⚽ ⚽ ⚽

DIE SCHLACHT VON BERN

Das Berner Wankdorf-Stadion war nicht nur die Bühne für Deutschlands sensationellen 3:2-Erfolg gegen Ungarn, sondern auch – eine Woche vor jenem historischen 4. Juli 1954 – das Schlachtfeld für die wüsteste Schlägerei, die der internationale Fußball je gesehen hat. Das WM-Viertelfinale zwischen Ungarn und Brasilien, den stärksten Teams Europas und Südamerikas, galt als das vorweggenommene Finale, und zumindest in der Kategorie Brutalität ist es bis heute unübertroffen.

Alles begann mit der Dreistigkeit des ungarischen Mittelstürmers Hidegkuti, bereits in der 3. Minute das 1:0 zu erzielen, obwohl ihm die Brasilianer dabei in aller Öffentlichkeit die Hose heruntergerissen hatten. Als dann Kocsis auch noch das 2:0 folgen ließ, war es mit der Geduld der Südamerikaner vorbei. Ohnehin gereizt durch die Härte der ungarischen Abwehr, begannen sie derart um sich zu treten und zu schlagen, dass sich die keineswegs zimperlichen Ungarn eingeladen fühlten, Gleiches mit Gleichem zu vergelten. Bozsik und Nilton Santos prügelten aufeinander ein und flogen vom Platz, desgleichen Santos' Landsmann Tozzi, der Lóránt umgetreten hatte.

Ungarn gewann schließlich mit 4:2, doch nach dem Abpfiff ging die «Schlacht von Bern» erst richtig los. Die Brasilianer verfolgten den Gegner bis in dessen Kabine. Mit Flaschen und Fußballstiefeln bewaffnet, lieferten sich dort beide Teams ein wahres Hauen und Stechen, wobei Ungarns Trainer Gustav Sebes und der brasilianische Mittelläufer Pinheiro tiefe Schnittverletzungen im Gesicht davontrugen. Dennoch wuschen hinterher sowohl die FIFA als auch die beiden nationalen Verbände ihre Hände in Unschuld und gewährten volle Straffreiheit. Als der Schläger Bozsik beispielsweise, der «nebenberuflich» im ungarischen Parlament saß, gefragt wurde, warum er nicht gesperrt worden sei, antwortete er hochnäsig: «Bei uns zu Lande bestraft man keine Abgeordneten.» Helmut Rahn blieb es eine Woche später vorbehalten, ihn für seine Arroganz mit dem 3:2 von Wankdorf abzustrafen.

DAMENWAHL

«Und wie soll dann bitte so ein Stadion heißen?
Vielleicht Ernst-Kuzorra-seine-Frau-ihr-Stadion?»

(Ex-Bundespräsident Johannes Rau auf die Frage, ob Fußballstadien nicht auch einmal nach Frauen benannt werden sollten. Ernst Kuzorra ist eine Schalker Fußballlegende, es gibt bis heute kein Stadion dieses Namens.)

PRICKELND WIE SELTERS

Die Flop-Elf der blödesten Stadionnamen:

1. Playmobil-Stadion (SpVgg Greuther Fürth)
2. Möslestadion (SC Freiburg-Amateure)
3. Apollinaris-Stadion (SC 07 Bad Neuenahr)
4. Knüll-Kampfbahn (SC Neukirchen)
5. Montanhydraulikstadion (SpVgg Holzwickede)
6. Bezirkssportanlage Lange Wanne (BW Post Recklinghausen)
7. Floschenstadion (VfL Sindelfingen)
8. Sportpark Hinterm Esel (SV Speyer).
9. Stadion der Freundschaft (FC Energie Cottbus)
10. Stadion am Bruchweg (1. FSV Mainz 05)
11. Waldsportplatz am Trog (SV Schermbeck)

DIE HAUPTSTADT DES PROVINZFUSSBALLS

Zweimal sorgte der Bonner SC bundesweit für Schlagzeilen. 1977 endete der Traum des damaligen Hauptstadtklubs, in die Riege der Großen des deutschen Fußballs aufzusteigen, in der Verbandsliga Mittelrhein: Der Zweitligist war der erste Verein, dem der DFB wegen Misswirtschaft die Lizenz entzog. Fortan war die Fußballprovinz wieder die sportliche Heimat der Bonner, was die aber nicht daran hinderte, weiterhin große Pläne zu schmieden.

Gut 20 Jahre nach dem unrühmlichen Abschied vom Profigeschäft fädelte die Klubführung einen bemerkenswerten Deal ein, sie verpflichtete die komplette kubanische Fußballnationalmannschaft. Ursprünglich war der viertklassige und finanziell noch immer klamme BSC nur daran interessiert, das eine oder andere Fußballtalent für kleines Geld aus der Karibik an den Rhein zu holen. Doch der kubanische Verband wollte einen Ausverkauf seiner Stars ins kapitalistische Ausland verhindern und sagte «No». Die Sportfunktionäre, ganz dem sozialistischen Kollektivgedanken verhaftet, ließen aber eine Hintertür offen, die groß war wie ein Scheunentor: Komplette Mannschaften, teilten sie den Deutschen mit, dürften schon ins Ausland wechseln. Am 7. April 1999 landeten Kubas Auswahlspieler auf dem Flughafen Köln/Bonn.

Vier Tage später liefen fünf von ihnen im Bonner Sportpark Nord gegen den TuS Langerwehe auf, Neuzugang Yomer Aguado traf zum 1:1-Endstand. Bald jedoch merkte man am Rhein, dass Fußball in Fidel Castros Reich nicht von ungefähr ein Randsport ist. Ein Jahr nach dem spektakulären Transfer war der BSC abgestiegen, und die meisten Kubaner spielten längst wieder in ihrer Heimat. Den Bonnern blieb die Erkenntnis, dass man statt Cuba Libre auch getrost Cola-Rum bestellen kann, wenn man von besseren Zeiten träumen möchte.

DIE KLEINKARIERTE RACHE DER FUNKTIONÄRE

Das Endspiel der europäischen Landesmeister von 1960, in dem Real Madrid die Frankfurter Eintracht mit 7:3 besiegte, gilt noch heute als das beste Finale in der Geschichte der UEFA-Wettbewerbe. Ganz Europa begeisterte sich vor dem Bildschirm über die Eleganz und die Raffinesse, mit der Puskas, di Stefano und Co. die tapfer mitspielenden Deutschen auseinandernahmen: ganz Europa – außer Ungarn. Denn ausgerechnet Puskas' Landsleuten war es verwehrt, den größten Tag in der Karriere des besten ungarischen Spielers aller Zeiten mitzuerleben. Weil sich Ferenc Puskas nach dem Ungarnaufstand 1956 erfrecht hatte, seine Heimat zu verlassen und später die spanische Staatsbürgerschaft anzunehmen, wurde er von Ungarns rachsüchtigen Funktionären abgestraft. Alle ungarischen Fernsehschirme blieben an jenem Abend schwarz – außer in den wenigen Luxushotels des Landes, in denen sich die Rächer hinter dicken Vorhängen verschanzt hatten, um beim Genuss ausländischer Spirituosen ihr eigenes kleinkariertes Verbot zu unterlaufen.

WIE BAYERN SEINEN MEISTER FAND

Als Alex Ferguson mit Manchester United die Champions League 1999 gegen Bayern München in der Nachspielzeit gewann, war dies ein Musterbeispiel an Durchhaltewillen und Beharrlichkeit. 16 Jahre zuvor, diesmal im Europacup der Pokalsieger, hatte der Schotte als Manager des FC Aberdeen schon einmal die Klingen mit den Bayern gekreuzt – und dieses Duell mit

List und, wie es manche Münchner noch heute nennen, Tücke gewonnen.

Nach einem torlosen Unentschieden in München führten die Bayern in Aberdeen durch Treffer von Augenthaler und Pflügler Mitte der zweiten Halbzeit mit 2:1, der Einzug ins Halbfinale schien eine Selbstverständlichkeit, da zog Ferguson noch einen Joker aus dem Ärmel. Bei einem Freistoß in Strafraumnähe lieferten Strachan und McMaster eine einstudierte Slapstickeinlage ab, stritten sich zuerst lautstark darum, wer den Ball treten dürfe, liefen dann beide an, und unvermeidlicherweise gingen beide zu Boden, als sie zusammenprallten. Mit offenen Mündern standen die Bayern-Verteidiger da und amüsierten sich über diese trotteligen Schotten. Plötzlich segelte der Freistoß in den Strafraum, McLeish nutzte das Fehlen einer Mauer und köpfte zum Ausgleich ein. Und weitere 30 Sekunden später, in denen die Bayern mehr mit sich selbst als dem Gegner beschäftigt waren, versetzte ihnen Hewitt mit dem 3:2 den Knockout. Aberdeen gewann später das Finale gegen Real Madrid, die Bayern aber waren das Opfer der eigenen Überheblichkeit geworden.

EINE FRAGE DER ÄHRE

Der größte Moment in der sportlichen Laufbahn des Schiedsrichters Rudi Glöckner begann mit einer Panne. Den Organisatoren des Weltmeisterschaftsendspiels 1970 in Mexiko-Stadt war offenbar entgangen, dass der Mann, der als erster Deutscher ein WM-Finale leiten sollte, in Markkleeberg bei Leipzig und somit in der DDR zu Hause war. Im Stadion wurde neben den Flaggen der Endspielgegner Brasilien und Italien die der Bundesrepublik Deutschland gehisst. Glöckner protestierte – zunächst vergeblich. Die Offiziellen sahen die Angelegenheit zum einen nicht als sonderlich dramatisch an und verwiesen zum anderen darauf, dass ohnehin niemand in der Lage sei, in der Kürze der Zeit die gewünschte Flagge aufzutreiben. Glöckner wusste, dass jetzt nur noch einer die Ehre des Arbeiter- und Bauernstaates retten konnte: er selbst. Denn der heimattreue Sachse hatte vorgesorgt und neben den sonstigen Utensilien eines DDR-Bürgers auf Reisen eine Flagge seines Heimatlandes in den Koffer gepackt. So wehten am 21. Juni 1970 tatsächlich Hammer, Sichel und Ährenkranz über dem Azteken-Stadion, außer Glöckner und dem Politbüro daheim vorm Fernseher hat das allerdings kaum jemand bemerkt.

UND DER HAIFISCH, DER HAT ZÄHNE ...

Mit der gleichen Heuchelei und Rücksichtslosigkeit, wie es heute bei uns Unternehmer und neoliberale Politiker tun, bekämpften im englischen Fußball vor fast fünfzig Jahren Vereins- und Verbandsfunktionäre die Lohnforderungen ihrer unterbezahlten Arbeitnehmer. Als beispielsweise Joe Richards, der Präsident des Ligaverbands, die Hungerlöhne mit «im Interesse unseres geliebten Fußballsports» verteidigte, fuhr ihm Jimmy Hill, der Chef der Spielergewerkschaft, übers Maul: «Wir sind weniger an ‹unserem geliebten Sport› als am Wohlergehen unserer Mitglieder interessiert.» Wie tief das die Funktionäre traf, zeigt das Zitat von Alan Hardaker, dem späteren Generalsekretär der Liga: «Dieses Gespräch fand zu jener Zeit statt, als ich gerade mit dem Hochseefischen begann. Meine erste Beute vor der Küste von Cornwall war ein kapitaler, zentnerschwerer Hai. Ich zog ihn ins Boot, mein Begleiter gab ihm mit einem kräftigen

Hieb den Rest. Ich starrte das tote Ungeheuer an und sagte: ‹Hau noch einmal drauf – er sieht aus wie Jimmy Hill›.»

⚽ ⚽ ⚽

PEINLICHKEITEN AUS DER PROVINZ

Unmissverständlich formulierte ein deutscher Reporter sein Anliegen in der Fußballprovinz. Der Mann mit der vollmundigen Stimme, nennen wir ihn zu seinem Schutz nur «W.», verdiente sich nebenher ein Taschengeld, indem er mit einer Prominenten-Elf über die Dörfer tingelte. Eines Tages sollte er mit seinen Altstars das Programm eines Weinfestes im Rheinland anreichern. Als Erstes steuerte W. das Festzelt an, ließ sich zum Bürgermeister führen und stellte dem die dringliche Frage: «Herr Bürgermeister, wo fickt hier der Fremde?» Was W. nicht wusste: Das Festkomitee hatte ein Mikrophon installiert, um die Worte des aus Funk und Fernsehen bekannten Gastes zu verstärken. Weil jedoch ein Techniker blitzschnell das Kabel herausriss, ist nicht überliefert, auf welche Weise der Bürgermeister das Bedürfnis des Reporters befriedigen konnte.

⚽ ⚽ ⚽

SCHIEDSRICHTER MORENO: EINE ANRÜCHIGE EHRUNG

Die fragwürdigste Ehrung für eine Schiedsrichterleistung wurde dem Ecuadorianer Byron Moreno nach der WM 2002 zuteil – für seine ebenso fragwürdige Vorstellung beim Achtelfinalspiel Italien gegen Gastgeber Südkorea. Moreno schenkte den Koreanern einen Elfmeter, erkannte dann ein einwandfreies italienisches Tor nicht an und stellte schließlich Italiens Stürmerstar

Totti vom Platz, damit die Gastgeber mit 2:1 nach Verlängerung gewinnen konnten. Zum Dank dafür verewigte eine luxuriöse Ferienanlage auf Sizilien später den Namen des Ecuadorianers auf einem großen Messingschild, als «großartige Gelegenheit für Touristen und Einheimische, Moreno zu würdigen». Das Schild wurde an unmissverständlicher Stelle angebracht – an der Tür zur öffentlichen Toilette der Ferienanlage.

EINST EIN HELD

Die bittere Erfahrung, dass selbst der Ruhm verblasst, Deutschland zum Weltmeistertitel geschossen zu haben, machte Andreas Brehme in seiner Zeit als Trainer des 1. FC Kaiserslautern. 1990 hatte er im WM-Finale gegen Argentinien per Elfmeter das einzige Tor des Tages erzielt, doch neun Jahre später schien alles vergessen.

Während des Trainings am Betzenberg war Brehme in ein Gespräch mit seinem französischen Spieler Youri Djorkaeff vertieft, als sich von hinten ein Reporter näherte und «Hallo Weltmeister» rief. Strahlend drehte sich Brehme um, um die erwartete Huldigung entgegenzunehmen, und musste im nächsten Moment fassungslos zuschauen, wie der Reporter, ohne ihn weiter zu beachten, Djorkaeff die Hand schüttelte. Was Brehme vergessen hatte: Sein Spieler war wenige Monate zuvor mit Frankreich ebenfalls Weltmeister geworden.

Von diesem Moment an, behauptet Djorkaeff, habe der in seiner Eitelkeit gekränkte Trainer kein freundliches Wort mehr mit ihm gesprochen.

RIO FERDINAND SUPERSTAR

Den zweifelhaften Ruf, beim erbärmlichsten Vertragspoker gewonnen zu haben, hat sich Englands Nationalverteidiger Rio Ferdinand verdient. Acht Monate lang war Ferdinand in der Saison 2004/2005 vom Verband gesperrt worden, weil er sich einer Dopingkontrolle durch Flucht entzogen hatte. Während der ganzen Zeit hielt ihm Manchester United die Treue und zahlte ihm weiter sein Gehalt, obwohl er dafür keine Gegenleistung bot. Doch als es um die Vertragsverlängerung ging, kannte Rio Ferdinand keine Freunde mehr.

Ein erstes Zeichen setzte er, als er sich – «rein zufällig» selbstverständlich – in einem Londoner Feinschmeckerrestaurant mit dem Geschäftsführer des Milliardärsklubs FC Chelsea traf. Danach präsentierte er Manchester United die Rechnung: Insider schätzten, er habe die Verdoppelung seines bisherigen Wochenlohns von 60 000 Pfund – umgerechnet etwa 90 000 Euro – gefordert. Zähneknirschend willigte Uniteds Manager Alex Ferguson ein – wer lässt schon seinen besten Verteidiger zum schärfsten Konkurrenten ziehen? Lediglich Ferdinands Mannschaftskapitän Roy Keane hatte den Mut, sich öffentlich über den Abkocher lustig zu machen: «Bloß weil er mal 20 Minuten lang gegen Tottenham Hotspur gut gespielt hat und weil er 120 000 Pfund die Woche kassiert, bildet der Kerl sich ein, er sei ein Superstar.»

DIE UHR TICKT IMMER NOCH

Die schwere Aufgabe, bei Manchester United die Nachfolge des legendären Managers Sir Matt Busby zu übernehmen, fiel

1969 dem ehemaligen Spieler und damaligen Reservetrainer Wilf McGuinness zu. Es sollte sich als unlösbare Aufgabe erweisen.

Ein Jahr nach dem Gewinn des Europapokals der Landesmeister hatte das überalterte Team seinen Höhepunkt überschritten. Hinzu kam, dass McGuinness keinerlei Erfahrung im Management hatte, dass er von den Fans und der Presse in allem, was er tat, an dem gemessen wurde, was Sir Matt gemacht hätte, und schließlich kamen auch noch die Konflikte mit Starspielern hinzu, die zum Teil noch mit McGuinness zusammengespielt hatten und sich jetzt nichts von ihm sagen lassen wollten. Im Dezember 1970 hatte der Verein schließlich ein Einsehen; sein Vorgänger Busby versuchte es ihm so schonend wie möglich beizubringen: «Wilf, du bist jetzt fast zwanzig Jahre bei uns, als Junge und als Mann, ich weiß wirklich nicht, wie wir ohne dich auskommen sollen – aber irgendwie müssen wir es versuchen.»

Der Schlag traf McGuinness, dessen ganzer Lebensinhalt United gewesen war, so hart, dass er über Nacht alle Haare verlor. Als ihn sein früherer Peiniger George Best Jahrzehnte später traf, fragte ihn der Ire teilnahmsvoll, ob die Wunde immer noch schmerze. «Definitiv nein, George», antwortete McGuinness mit fester Stimme. «Es ist jetzt immerhin schon 30 Jahre her, seit das passiert ist. 30 Jahre, 8 Monate, 1 Tag, 6 Stunden und 17 Minuten …»

LEGAT BETET DAS VATERUNSINN

Thorsten Legat («Ich glaube nicht, dass der Verein mir Steine in den Vertrag legt») hat nie behauptet, besonders clever zu sein. Das ehrt ihn. Unehrenhaft, oder besser abgründig und dreist, verhielt sich der fußballerisch weitgehend untalentierte Linksfuß in der Saison 1994/95. Legat, damals in Diensten Eintracht Frankfurts, erklärte seine schlechte Leistung mit dem plötzlichen Tod seines Vaters. Den Trauerstrauß, den der Verein daraufhin an Legats Elternhaus schickte, nahm der überraschte Vater persönlich entgegen.

⚽ ⚽ ⚽

NACKT AUF SCHIEDSRICHTERJAGD

Der englische Torhüter William «Fatty» Foulke (Sheffield United) war nicht nur der schwerste Nationalspieler aller Zeiten – 1907, auf dem Höhepunkt seiner Laufbahn, wog der 1,90 Meter große «Little Willie» 142 Kilo –, sondern auch der hemmungsloseste. Im Cup-Final 1902 gegen Southampton fühlte er sich durch ein abseitsverdächtiges Tor um den Sieg gebracht. Von einem halben Dutzend Polizisten in die Kabinen abgeführt, aber keineswegs besänftigt, sann «Little Willie» auf Rache. Nachdem er sich in der Badewanne kräftig aufgeheizt hatte, machte sich der Koloss splitternackt auf Schiedsrichterjagd. Doch bevor sich der unersättliche Foulke (sein Motto: «Ihr könnt mich alles rufen, solange ihr mich nicht zu spät zum Essen ruft») mit seiner Angst und Schrecken verbreitenden Anatomie über ihn hermachen konnte, hatte sich der Unparteiische Tom Kirkham in einen Schuhschrank verkrochen. Erst nachdem Foulke sein Mütchen anderweitig gekühlt hatte (wie und an wem verschweigt der Chronist), konnte Kirkham von seinen Linienrichtern hinter einem Berg von Fußballstiefeln hervorgezogen werden. Das Wiederholungsspiel gewann Sheffield United eine Woche später mit 2:1.

⚽ ⚽ ⚽

DIE HÖLLE IM PARADIES

Nicky Vitolio Salapu, Torwart von Amerikanisch-Samoa, kassierte in der Ozeanien-Qualifikation zur WM 2002 innerhalb von einer Woche 57 Gegentore. Die Höllenqualen im Südseeparadies begannen für ihn am 7. April 2001: Sein Team verlor gegen die Fidschi-Inseln mit 0:13. Es folgten ein 0:8 gegen Samoa, der Weltrekord von 0:31 gegen Australien und ein 0:5 gegen Tonga. Dennoch blieb Salapu weiter der unangefochtene Stammtorhüter seiner Elf. Einzige Ausnahme: In der Olympiaqualifikation am 22. Januar 2004 gegen die Cook-Inseln durfte er als Stürmer aushelfen, doch die Treffer bei der 2:3-Niederlage Amerikanisch-Samoas erzielte nicht er, sondern sein Kollege Duane Faaou Atuelevao.

BRIAN CLOUGH: NICHTS WAR IHM HEILIG

Der 2004 gestorbene Brian Clough war nicht nur einer der erfolgreichsten, sondern auch einer der großmäuligsten und schlagfertigsten Manager des englischen Fußballs. Nachdem er 1972 den bescheidenen Zweitliga-Klub Derby County zum Aufstieg und dann auf Anhieb zur Englischen Meisterschaft geführt hatte, wurde er von einem Reporter gefragt: «14 000 Pfund im Monat für einen Fußballmanager – ist das nicht übertrieben? Der Erzbischof von Canterbury verdient schließlich nur die Hälfte.» Cloughs Antwort: «Eben deshalb: Die Kirchen sind halb leer, und unser Stadion ist bei jedem Spiel ausverkauft.»

WENN DER SUSI MIT DEM BARBIE SPIELT

Die Flop-Elf eher unmännlicher Fußballer-Spitznamen:

1. «Tante Käthe» (Rudi Völler)
2. «Susi» (Michael Zorc)
3. «Barbie» (Thomas Strunz)
4. «Lulu» (Ludwig Nolden)
5. «Emma» (Lothar Emmerich)
6. «Hilde» (Timo Hildebrand)
7. «Inge» (Ingo Hertzsch)
8. «Hanne» (Johannes Sobeck)
9. «Lisa» (Bixente Lizarazu)
10. «Lotte» (Dirk Lottner)
11. «Heulsuse» (Andreas Möller)

⚽ ⚽ ⚽

MÜLLERS MISSMUT

«Das ist die größte Kacke, die passieren kann, wenn man da oben sitzt und nichts tun kann. Du musst dir das Spiel anschauen, darfst nicht zur Mannschaft auf den Platz, weil du sonst wieder von der FIFA belangt wirst.»

(Nationalstürmer Thomas Müller, der bei Deutschlands 0:1 gegen Spanien im WM-Halbfinale 2010 wegen einer umstrittenen Gelbsperre auf der Tribüne saß)

⚽ ⚽ ⚽

EIN TÄTER MACHT SICH ZUM OPFER

Am 28. Februar 2004 rastete Sunday Oliseh aus. Nach der Bundesligapartie gegen Hansa Rostock, einem enttäuschenden 0:0, brach er seinem Bochumer Mitspieler Vahid Hashemian in der Kabine mit einer gezielten Kopfnuss das Nasenbein. Das ist schlimm. Unverzeihlich ist, wie Oliseh versuchte, sich vom Täter zum Opfer zu machen.

Oliseh, damals von Borussia Dortmund nach Bochum ausgeliehen, drehte den Spieß um, griff Hashemian an: «Er hat mich rassistisch beleidigt.» Was genau gesagt wurde, wollte er nicht wiedergeben. Glaubwürdig ist seine Version nicht. Hashemian gilt als zurückhaltend und höflich. Den Mitarbeitern der Bochumer Geschäftsstelle war es fast schon unangenehm, wenn sich der Stürmer für Selbstverständlichkeiten herzlich bedankte.

Ein Iraner sagt etwas zu einem Nigerianer auf Deutsch. Da kann es Missverständnisse geben. Oliseh aber war sich seiner Sache sicher. Bochums Trainer Peter Neururer blieb nichts anderes übrig, als den Mittelfeldspieler zu suspendieren. Oliseh kehrte nach Dortmund zurück. Vor dem Spiel Bochums gegen den BVB in der darauffolgenden Saison trat Oliseh nach, rechnete mit seinem Ex-Trainer ab: «Wer ist Neururer? Ich schäme mich, mit so einem Mann gearbeitet zu haben. Er hat die Chance gesehen, mich kaputtzumachen.» Das aber hatte Oliseh ganz allein geschafft. 2005 wechselte er zum belgischen Verein KRC Genk. Im Januar 2006 löste er dort seinen Vertrag mit sofortiger Wirkung auf.

EIN SCHIEDSRICHTER MIT SCHIRM ZAGT IM REGEN NIE

Andere Zeiten, andere Schiedsrichtersorgen. Während sich die heutigen Unparteiischen mit Bestechungsvorwürfen, passivem Abseits und elektronischen Innovationen herumschlagen müssen, wurden ihre Kollegen in der Fußballsteinzeit kritisiert, weil sie allzu sehr um ihr eigenes Wohlbefinden besorgt waren. Nach dem Pokalendspiel von Lancashire 1881 beispielsweise hatte Schiedsrichter W. Pierce Dix keinerlei Verständnis dafür, dass «einige Gentlemen beträchtliche Beschwerde führten, nur weil ich meinen Schirm aufspannte, als es zu regnen begann».

⚽ ⚽ ⚽

DER VATER ALLER KNOCHENBRECHER

Der Argentinier Luis Fernando Monti war einer der skrupellosesten Spieler seiner Zeit. Er holzte und trat alles nieder, was ihm in den Weg kam. Bei der WM 1930 in Uruguay war er wie gewohnt als «Abfangjäger» unterwegs. Im Spiel gegen Frankreich richtete er Lucien Laurent, den Schützen des ersten Tores der WM-Geschichte, schon nach 120 Sekunden mit einem brutalen Fußtritt derart zu, dass Laurent während der restlichen Spielzeit um Erbarmen bittend über den Platz humpelte. Auswechslungen waren nicht erlaubt. Argentinien verlor im Finale 2:4 gegen Uruguay. Seine Ahnen verhalfen Monti vier Jahre später doch noch zu einem Titel. Italien bürgerte den «talentierten Sportler» ein. Ausgestattet mit neuen Papieren, bestritt er als erster Spieler zwei WM-Endspiele in Folge – 1930 für Argentinien, 1934 für Italien. Monti blieb Monti. Im Finale gegen die Tschechoslowakei sprang er Frantisek Svoboda mit beiden Beinen in den Bauch. Vom Platz wurde er nicht gestellt.

ALLONS ENFANTS DE PSG

Den in seiner Phantasielosigkeit unübertroffenen Text eines Vereinslieds verdanken wir den Anhängern des französischen Klubs Paris St-Germain (PSG). Die erste Strophe lautet: «Le PSG, le PSG, le PSG, le PSG. Le PSG, le PSG-hee. Le PSG, le PSG». Der Text aller folgenden Strophen ist identisch, gesungen wird er nach der Melodie von «When the Saints come marching in» – ad infinitum.

CRUYFFS ÄRGER MIT DEN NACHBARN

Johan Cruyff feierte als Fußballer Erfolge in aller Welt – nur mit seinen Nachbarn aus Deutschland kam der Holländer nie so richtig klar.

Die erste unangenehme Erfahrung mit den «Moffen» machte er schon als Teenager, in seinem zweiten Länderspiel. Es war der 6. November 1966, die Niederlande spielten in Amsterdam gegen die ČSSR. Gut zehn Minuten vor dem Ende, die Gastgeber lagen 1:2 zurück, geriet der 19-jährige Cruyff mit Schiedsrichter Rudi Glöckner aneinander. Das Wortduell endete mit einem Knall – der junge Holländer soll dem Deutschen eine Ohrfeige verpasst haben. Johan Cruyff flog vom Platz, als erster holländischer Nationalspieler überhaupt, sein Verband sperrte ihn für ein Jahr.

Eine ganze Weile lief es dann erheblich besser für den Spielmacher. 1971, 1972 und 1973 gewann er mit Ajax Amsterdam den Europapokal der Landesmeister, und auch mit der Nationalmannschaft war er auf dem besten Weg zur Nummer eins. Die

Niederländer spielten intelligent, schön und erfolgreich – bis zum 7. Juli 1974. Der Dramatiker Johan Timmers nennt diesen Tag «das größte Trauma Hollands im 20. Jahrhundert, sieht man von der Flut 1953 und dem Zweiten Weltkrieg ab». Schlichter ausgedrückt: Die beste Mannschaft des Turniers hatte das WM-Endspiel in München unglücklich 1:2 gegen Deutschland verloren.

Viereinhalb Jahre später nahm Johan Cruyff Abschied vom aktiven Fußball. Für sein letztes Spiel im Ajax-Trikot hatte sich der 31-Jährige die Mannschaft als Gegner gewünscht, die Amsterdam als Seriensieger im Europapokal abgelöst hatte: den FC Bayern. Im Nachhinein betrachtet war das zwar eine hübsche, aber keine gute Idee. Denn die Münchner waren an diesem 7. November 1978 nicht in der Stimmung, den 60 000 Zuschauern ein fröhlich-friedliches Fußballfest zu Ehren ihres großen Stars zu bieten.

Die Deutschen fühlten sich schlecht behandelt; von den Offiziellen, die ihnen einen eher kühlen Empfang bereitet hatten, von den Ajax-Spielern, die sich distanziert gaben, und vor allem von den Amsterdamer Fans, deren Schmähgesänge und Beschimpfungen selbst den Rahmen dessen sprengten, was Profis auf fremden Plätzen gewohnt sind. Auf dem Platz nahmen die Bayern eiskalte Rache: Sie zerlegten die vom Ehrgeiz des Gegners völlig überraschten Niederländer nach allen Regeln der Fußballkunst. Einzig Johan Cruyff ließen die Münchner weitgehend gewähren – wohl wissend, dass auch ein Genie wie er fast allein gegen elf nichts ausrichten konnte. Am Ende stand es 0:8, es war das größte Debakel in der Ajax-Vereinsgeschichte.

Was Johan Cruyff bewogen hat, im Jahr darauf in den Profifußball zurückzukehren, ist nicht endgültig geklärt. Eine Theorie besagt, dass er sich einfach nicht mit solch einem Spiel verabschieden wollte. Eine andere Erklärung klingt weniger nach Heldenepos, aber ebenso schlüssig: Cruyff brauchte Geld, nachdem er als Schweinezüchter Millionen verloren hatte. Es ist nur ein Gerücht, dass es deutsche Schweine waren, die ihn fast in den Ruin getrieben haben.

⚽ ⚽ ⚽

MANN-O-MANN

«Ich kann mir nicht vorstellen, dass Schwule Fußball spielen können.»

(Ex-Nationalspieler Paul Steiner, 1990)

«Fußball mag ein gutes Spiel für harte Mädchen sein, aber es ist kaum etwas für süße Jungs.»

(Der irische Schriftsteller Oscar Wilde)

⚽ ⚽ ⚽

DIE ANGST DES LOTHARS VORM ELFMETER

Auf dem Rasen des Olympiastadions von Rom gab es tumultartige Szenen. Angetrieben von einer Mischung aus Fassungslosigkeit und Wut bedrängten argentinische Spieler den mexikanischen Schiedsrichter Mendez, der gerade auf Strafstoß für Deutschland entschieden hatte. Auch die Deutschen, wenngleich eher freudig erregt angesichts des unverhofften Glücks, mischten sich kraftvoll ins Getümmel. Nur einer wirkte in dieser Schlüsselszene des WM-Finales von 1990 seltsam unbeteiligt: Lothar Matthäus.

Die deutsche Nummer 10 nutzte das Durcheinander, um sich klammheimlich davon und aus der Verantwortung zu stehlen. Der Ansatz eines verlegenen Grinsens auf dem Gesicht des Mannes aus dem fränkischen Herzogenaurach war der Offenbarungseid: Dem Kapitän fehlte der Mumm, zum entscheidenden Schuss des Turniers anzutreten.

Dabei hatte Matthäus ein großes Turnier gespielt. Seine Topleistungen und vier Tore ebneten seiner Mannschaft den Weg ins Endspiel. Auch gegen Argentinien spielte er gut, und nachdem er bereits im Viertelfinale gegen die Tschechoslowakei und im Halbfinal-Elfmeterschießen gegen England verwandelt hatte, war er als Strafstoßschütze gesetzt. Doch an diesem 8. Juli 1990 holte ihn die Vergangenheit ein.

Sechs Jahre zuvor war Matthäus zu einem entscheidenden Elfmeter angetreten: Im Pokalfinale am Himmelfahrtstag 1984 standen sich Borussia Mönchengladbach und der FC Bayern gegenüber – nach 120 Minuten stand es 1:1. Für Matthäus war es das Spiel seines derzeitigen gegen seinen künftigen Arbeitgeber; ob dieser besonderen Situation kann man eine Portion Verständnis dafür aufbringen, dass es den Mittelfeldspieler nicht drängte, als einer der Ersten zum Elfmeterpunkt zu gehen. Er tat es als einer der Letzten. Als bis auf drei alle Gladbacher Feldspieler schon geschossen hatten, musste der Star ran – er verschoss, Bayern siegte, und für die Borussen-Fans war der einstige Liebling fortan nur noch der «Judas».

Vielleicht gingen Matthäus – Lebensmotto: «Immer nach vorne schauen» – in der berühmten 84. Minute des Endspiels von Rom schon die möglichen Schlagzeilen des nächsten Tages durch den Kopf: Lothar, der Versager. Nein, das konnte einer nicht riskieren, der Sätze über sich gern hochachtungsvoll mit der Formulierung «ein Lothar Matthäus» einleitete. Also schlich er sich davon, schon über eine passende Ausrede brütend, die er, nachdem Andreas Brehme die Sache gerichtet hatte, unters weltmeisterlich unkritische Volk brachte: Sein Schuh war kaputt, er musste ihn zur Halbzeit wechseln, und mit dem neuen hatte er nicht so ein gutes Gefühl. Dieses Gefühl war aber nichts gegen das, was wir empfanden, als Lothar M. nach dem Turnier auch noch zum Weltfußballer des Jahres gewählt wurde.

⚽ ⚽ ⚽

BESCHEIDENHEIT ZIERT DEN MANN

«Verschwindet, ihr sprecht mit dem besten Schiedsrichter der Welt.»

(Der Italiener Pierluigi Collina zu Spielern des FC Everton, die während der Champions-League-Qualifikation gegen Villarreal dagegen protestierten, dass ihnen ein Treffer aberkannt wurde)

⚽ ⚽ ⚽

GESCHÄFTE MIT DER KATASTROPHE

Die Katastrophe im Brüsseler Heysel-Stadion schockte im Mai 1985 die Welt. Von englischen Zuschauern angezettelte Krawalle hatten beim Europapokalendspiel zwischen Liverpool und Turin eine Massenpanik auf den Rängen ausgelöst, bei der 38 Italiener und ein Engländer ums Leben kamen. Geschäftemacher hielt die Tragödie nicht von dem Versuch ab, mit der Hirn- und Hemmungslosigkeit einiger Unbelehrbarer Geld zu machen. Wenige Tage nach der schwärzesten Nacht des europäischen Fußballs kam in England ein T-Shirt auf den Markt, dessen Träger sicher sein konnten, sofort als Abschaum erkannt zu werden. Der Aufdruck: Liverpool 38 – Turin 1.

⚽ ⚽ ⚽

EINE PISTOLENSALVE FÜR DEN GLAUBEN

Ein Opfer seiner Frömmigkeit wurde Torwart Isadore Irandir in einem Punktspiel der brasilianischen Meisterschaft während der siebziger Jahre. Irandirs Klub Rio Preto hatte die Seitenwahl gewonnen, der Gegner Corinthians führte den Anstoß aus. Als Corinthians-Mittelstürmer Roberto Rivelino sah, dass der gläubige Katholik Irandir immer noch im Gebet versunken vor seinem Tor kniete, riskierte er einen gotteslästerlichen Schuss aus 50 Metern und hatte Erfolg damit. Die Corinthians feierten, Irandir aber betete unbeirrt weiter. Derweil schritt sein Bruder zur Rache. Er stürmte von den Zuschauerrängen herab, zog seine Pistole und richtete den unschuldigen Ball mit sechs Schüssen hin. Dann wurde das Spiel beim Stand von 1:0 fortgesetzt.

⚽ ⚽ ⚽

BUXTEHUDE: EIN KULTURMEKKA IN DER FUSSBALLPROVINZ

Im Fußball-Mutterland England überwindet der Sportjournalismus regelmäßig die Grenze zur Kunst und Literatur – Autoren wie Hugh McIlvanney, Brian Glanville oder David Lacey beweisen dies Woche für Woche. In Deutschland dagegen bleiben die Bemühungen ihrer Kollegen meist im Kunstgewerbe oder in der angestrengten Satirearbeit der Frankfurter Humor-Schule stecken. Zum Glück findet sich hin und wieder abseits der anspruchsvollen Blätter ein kleines Meisterwerk der Komik – wenn auch eines der unfreiwilligen Spielart.

In Hardy Grünes Grundlagenwerk *Legendäre Fußballvereine: Norddeutschland* beispielsweise wird Buxtehude geradezu als Mekka der Kultur gefeiert: «‹Der Hase und der Igel›, Hunde, die mit dem Schwanz bellen oder der Filmklassiker ‹Tante Trude aus Buxtehude› – die sehenswerte Kleinstadt Buxtehude hat durchaus ihre kulturellen Reize.» Da müssen die Darbietungen der Buxtehuder Fußballer schon arg prosaisch sein, wenn selbst die mit ihnen verglichenen Hasen und Hunde oder ein Film mit dem Tortenwerfer Gunther Philipp und Ilja Richter als «kulturell reizvoll» eingestuft werden.

Ein weiteres Beispiel seiner Kunst gibt der Autor gleich im nächsten Beitrag des Buches, den er mit «Hamburgs Gemüsekammer im Fußballrausch» überschreibt. Gemeint sind die bescheidenen Erfolge des Vierländer Klubs SV Curslack-Neuengamme in der Hamburger Verbandsliga während der siebziger Jahre. Wer den schwerblütigen Menschenschlag der Vier- und Marschlande kennt, weiß, dass dort die Räusche anderer Art sind als die auf dem Fußballplatz.

⚽ ⚽ ⚽

LIVERPOOLS FANS – NIX KULTURA

Einen sportlichen Kulturschock erlebte Bruce Grobbelaar, Torwart des FC Liverpool, als er zum ersten Mal für die Mannschaft seiner Heimat Simbabwe nominiert wurde: «Seltsam, da spielst du Jahr für Jahr vor Tausenden von schreienden, schlecht erzogenen Wilden, die nichts von der edlen Kunst des Fußballs verstehen – und plötzlich bist du in Harare und stehst im Tor von Simbabwe.» Die Eingeborenen an Liverpools Anfield Road werden diesen Satz ihres Publikumslieblings mit gemischten Gefühlen gelesen haben.

⚽ ⚽ ⚽

MIT EINEM FUSSTRITT IN DIE GESCHICHTE

Die Grüne Insel Irland rühmt sich, das «Land der Heiligen und Gelehrten» zu sein, doch ausgerechnet in dieser Idylle geschah es, dass die beste Fußballmannschaft des Landes durch religiösen Fanatismus ausgelöscht wurde. Und das auch noch zur Weihnachtszeit, am 27. Dezember 1948.

An jenem Tag reiste Belfast Celtic, der sportliche Stolz der katholischen Minderheit Nordirlands, zum protestantischen Lokalrivalen FC Linfield, bei einem Sieg wäre Celtic der 20. Meistertitel kaum noch zu nehmen gewesen. In der ersten Halbzeit prallte der jüngste Spieler der Gäste, Mittelstürmer Jimmy Jones, mit Linfields Verteidiger Bob Bryson so unglücklich zusammen, dass Bryson mit einem gebrochenen Knöchel vom Platz getragen werden musste. Die Meute auf den Rängen des Windsor Parks murrte zwar, blieb aber vorerst noch ruhig. Erst als der Schiedsrichter nach 90 Minuten und einem leistungsgerechten 1:1 abpfiff, brach die Hölle los. Der Mob stürmte den Platz, Celtics Spieler rannten um ihr Leben, ehe sie sich in der Kabine verschanzen konnten. Doch als Manager Elisha Scott die Häupter seiner Lieben zählte, kam er nur auf zehn. Der elfte Spieler, Jimmy Jones, war dem Pöbel zum Opfer gefallen. Unter den Augen der – protestantischen – Polizei hatten Linfields Anhänger den «Papisten» zuerst ohnmächtig geschlagen und ihm dann das Bein zertrümmert. Zur Strafe für Brysons gebrochenen Knöchel sollte er nie wieder Fußball spielen können.

Angesichts dieser Brutalität entschloss sich Celtics Vorstand zu einem einmaligen Schritt. Der Verein löste sich zum Saisonende auf, alle Spieler wurden auf die Transferliste gesetzt. Nie wieder sollte Belfast Celtic vor einem irischen Publikum spielen müssen. Nicht der Täter – das Opfer sühnte das Verbrechen. Mit einem Fußtritt war die beste Mannschaft Irlands, die einzige, die sich mit Englands und Schottlands Spitzenteams messen konnte, ausgelöscht. Von diesem Verlust hat sich der irische Vereinsfußball bis heute nicht erholt. Und noch heute werden in Belfasts Katholikenviertel um die Falls Road herum Klagelieder auf die verlorenen Helden gesungen: «Damals, als wir nichts besaßen, besaßen wir Celtic. Und deshalb besaßen wir die ganze Welt.»

FAST MEISTERLICHE TRICKS

Mit Tricks und einflussreichen Freunden, aber ohne ein Endrundenspiel bestritten zu haben, erreichte der DHC Prag im Jahr 1903 das erste Endspiel um die Deutsche Meisterschaft.

Der zum größten Teil aus deutschen Studenten bestehende Verein hatte zwar den böhmischen Titel verpasst, durfte aber auf Beschluss des Deutschen Fußball-Bundes trotzdem an der Meisterrunde teilnehmen; dass Prags Klubchef Dr. Ferdinand Hueppe auch DFB-Präsident war, sei in diesem Zusammenhang nur am Rande erwähnt. In der ersten Runde blieb den Pragern das Glück treu, sie erwischten ein Freilos. Im Halbfinale sah es dann so aus, als müssten sie sich tatsächlich einer sportlichen Herausforderung stellen. Doch der Gegner, der Karlsruher FV, erschien nicht zum vereinbarten Spieltermin.

Grund für das Fernbleiben war eine Nachricht, die die Badener kurz vor ihrer Abreise erhielten. Der knappe Inhalt: Spiel fällt aus, unterzeichnet DFB. Wer tatsächlich den Karlsruhern telegraphiert hatte, wurde nie ganz geklärt. Der Deutsche Fußball-Bund kam zu dem Schluss, es habe sich wohl um das «Bubenstück eines Prager Sportsmannes» gehandelt. Die eigenwillige Konsequenz: Der Verband erklärte den DHC Prag zum Sieger.

So stand die Mannschaft am 2. Juni 1903 im Endspiel in Hamburg-Altona. Obwohl mit dem VfB Leipzig dieses Mal ein Gegner mit von der Partie war, schien die Glückssträhne der Prager zu halten: Meyer brachte den DHC früh in Führung. Da das Spiel aber schon damals 90 Minuten dauerte und Leipzig den viel besseren Fußball spielte, stand es am Ende 7:2 für den VfB, der damit erster Deutscher Meister war. Ob Prag Protest gegen die Wertung des Spiels eingereicht hat, ist nicht überliefert.

FUSSBALL À LA USA: WIE DAS SPIEL NEU ERFUNDEN WURDE

Wachgerüttelt vom weltweiten Fernseherfolg der Weltmeisterschaft 1966 in England, begannen auch in den USA die Geschäftemacher Morgenluft zu wittern. Also stampften sie Ende der sechziger Jahre in Windeseile die erste landesweite Meisterschaft aus dem Boden, was jedoch umgehend einen anderen Unternehmer dazu animierte, eine Konkurrenzliga zu gründen. Beide Ligen waren zum Scheitern verurteilt, weil den Organisatoren selbst die elementarsten Kenntnisse des Fußballs fehlten.

So bemühten sie sich beispielsweise als clevere Geschäftsleute, die Personalkosten so niedrig wie möglich zu halten. Deshalb verpflichteten sie als Spieler vorzugsweise dritt- und viertklassige Engländer und Uruguayer. England war schließlich gerade Weltmeister geworden, Uruguay hatte den Titel sogar zweimal gewonnen (1930 und 1950), die Spieler würden also ihr Fach verstehen. Und weil ihnen das seit 80 Jahren gültige Wertungssystem des Fußballs (zwei Punkte für einen Sieg, einen für Unentschieden) zu altmodisch erschien, führten die amerikanischen «Experten» eine neue Regelung ein und machten es großmäulig zur Grundlage eines neuen «Zeitalters des Offensivfußballs». Stattdessen erreichten sie in ihrer Ahnungslosigkeit das Gegenteil.

Ab sofort vergab die amerikanische Regel sechs Punkte für einen Sieg, drei für ein Unentschieden. Hinzu kam pro Tor ein Bonuspunkt, im Höchstfall allerdings nur drei. Bei einer 1:0-Führung winkten dem Sieger also stolze sieben Punkte. Was lag da näher, als mit verstärkter Abwehr den Vorsprung über die Zeit zu retten, anstatt einen Konter zu riskieren und sich für das Unentschieden mit nur vier Punkten begnügen zu müssen? Außerdem führte die Obergrenze für Bonuspunkte dazu, dass eine 3:2 führende Mannschaft schlagartig die Rollläden herunterließ, um das Maximum von neun Punkten nicht zu gefährden.

Und so kam es, dass nahezu alle Mannschaften des amerikanischen Fußballabenteuers mit Catenaccio, Schweizer Riegel sowie Doppelstopper spielten und die Zuschauer erst langweilten, dann vergraulten. Das einzige Fazit, das der englische Fußball-Experte Brian Glanville aus diesem sportlichen und finanziellen Debakel ziehen konnte, las sich dann auch so: «Millionäre, egal wie viele Millionen sie besitzen und auf welche Weise sie sie erworben haben, können grauenhaft unfähig sein, wenn sie ihr Fachgebiet verlassen. Aber das hätte man nach den Erfahrungen mit europäischen Vereinspräsidenten schon vorher wissen können.»

DER LETZTE AUS DEM OSTEN

Im «Volkseigenen Betrieb Simson» Suhl entstanden in der DDR begehrte Zweiräder, darunter der Moped-Klassiker «Schwalbe». Dem Werk hatte auch der örtliche Fußballverein den Namen

«Motor» zu verdanken, was einfallsreiche Reporter ungezählte Male dazu veranlasste, das Wort «stottern» zu konjugieren und in ihre Berichte einzubauen.

In der Saison 1984/85 kamen sie aus dem Stottern gar nicht mehr heraus: Die erste und einzige Oberligasaison der Suhler geriet zu einem Desaster. Den Thüringern gelang in 26 Erstligaspielen nur ein Sieg (am 9. März 1985, 3:1 gegen Wismut Aue). Am Ende standen 5:47 Punkte und 16:92 Tore in der Bilanz – ein Negativrekord für die Ewigkeit.

Fünf Jahre später bot die Wende Gelegenheit, das unerfreuliche Kapitel im Mülleimer der Geschichte zu versenken. Der Verein gab sich zweimal einen neuen Namen und kickt nun als 1. Suhler SV 06 weitgehend unbeobachtet in den Niederungen des thüringischen Amateurfußballs.

1:0 FÜR DEN DIKTATOR

Der Fußballweltverband musste sich in den vergangenen Jahrzehnten eine Menge Kritik gefallen lassen, dem Vorwurf, sich unnötig lange mit Fragen von Moral und Anstand aufgehalten zu haben, war die FIFA allerdings nie ausgesetzt. Warum das so ist, zeigt ein Beispiel aus dem Jahr 1973.

In zwei Spielen zwischen der Sowjetunion und Chile sollte im Herbst 1973 die Entscheidung fallen, welches der beiden Länder an der Fußball-WM in Deutschland teilnimmt. Doch kurz vor der ersten Begegnung in Moskau hatten sich die Verhältnisse in Chile dramatisch geändert: Nach einem blutigen Putsch herrschte dort eine Militärjunta unter General Pinochet. Verständlicherweise hatte die UdSSR deshalb große Vorbehalte, gegen die Südamerikaner anzutreten. Noch größer aber war die

Sorge der Sportfunktionäre im Kreml, mit einem Eklat die eigene Bewerbung um die Olympischen Spiele 1980 zu gefährden. Also wurde gespielt, am 26. September trennten sich Sowjets und Chilenen 0:0.

In den Tagen nach dem Hinspiel in Moskau erfuhr die Welt immer mehr grauenhafte Details über Pinochets Terrorregime. Tausende Gegner der Junta wurden verschleppt, gefoltert und ermordet. Das Nationalstadion in der Hauptstadt Santiago diente als Massengefängnis und riesige Folterkammer. Dort sollte das Spiel gegen die UdSSR ausgetragen werden.

Doch jetzt weigerten sich die Sowjets, in Chile anzutreten. Sie stellten bei der FIFA den Antrag, die Begegnung in ein anderes Land zu verlegen. Der Verband prüfte das Anliegen und lehnte ab: Die Vorwürfe Moskaus seien nicht bewiesen. Es habe wohl einige Verhaftungen gegeben, und die Betroffenen seien vorerst in dem Stadion untergebracht. Von Folter oder gar Mord wollte die FIFA aber nichts bemerkt haben, stattdessen notierte sie, der Rasen im Estadio Nacional sei in hervorragendem Zustand.

Aus Sicht des Weltverbandes sprach also rein gar nichts dagegen, dass die chilenische Nationalmannschaft am 21. November 1973 ihr Heimrecht wahrnahm. Die UdSSR aber gehörte zu dem großen Rest der Welt, der das anders sah, und blieb zu Hause. Das Spiel wurde trotzdem angepfiffen, und unter dem Jubel der Mörder und Folterknechte schoben die Chilenen den Ball ins Tor des nicht vorhandenen Gegners. Dann warteten sie, bis der Schiedsrichter das Geisterspiel abpfiff.

Die FIFA bestätigte den Sieg der Südamerikaner, Chile war bei der WM 1974 in Deutschland dabei. Und in Santiago freute sich Diktator Pinochet darüber, wie vorbehaltlos man sein Regime in die große Fußballfamilie aufgenommen hatte.

MEIER UND CO.: DIE SCHLIMMSTEN AUSRASTER DER TRAINER

Welcher Teufel Norbert Meier am 6. Dezember 2005 geritten hatte, wusste er selbst nicht. «Ich kann nicht verstehen, wie mir das passieren konnte. Es war ein Blackout von mir», sagte der Duisburger Trainer einen Tag nach dem Spiel gegen den 1. FC Köln. Das Geständnis kam spät. Zu spät. Meier wurde in Duisburg entlassen und vom DFB drei Monate gesperrt.

Der Ex-Nationalspieler hatte sich zunächst einen Kopfstoß gegen den FC-Spieler Albert Streit geleistet, dann den sterbenden Schwan gespielt und das Ganze schließlich mit einem peinlichen Auftritt in der Pressekonferenz abgerundet. «Wir standen Kopf an Kopf. Dann bin ich hingefallen. Von einer Kopfnuss von meiner Seite aus kann keine Rede sein. Ich rechne nicht mit einer Sperre. Ein Spieler darf sich vor einem Trainer nicht so aufbauen», teilte er den erstaunten Journalisten mit. Hatte er wirklich gehofft, damit durchzukommen? Die Fernsehbilder entlarvten Meier als miesen Schauspieler und dreisten Lügner.

DIE FLOP-ELF DER TRAINERAUSRASTER:

1. 6. Dezember 2005, Norbert Meier (Duisburg): Kopfstoß gegen Kölns Albert Streit. Strafe: drei Monate Sperre.
2. Dezember 1975, Otto Rehhagel (Offenbach): Er erhebt einen Bestechungsvorwurf gegen Schiedsrichter Walter Eschweiler. Strafe: zehn Wochen Sperre und 5000 Mark.
3. 20. März 2004, Willi Reimann (Eintracht Frankfurt): Er schubst den vierten Schiedsrichter Thorsten Schriever mehrmals. Strafe: fünf Spiele Sperre und 25 000 Euro.

4. 25. Oktober 2005, Michael Henke (Kaiserslautern): Im Pokal bezeichnet er Erfurts Björn Brunnemann als «Scheiß-Ossi». Strafe: je 10 000 Euro von Verein und DFB.
5. 15. Oktober 2005, Holger Fach (Wolfsburg): Er packt Rafael van der Vaart vom HSV bei einer Rangelei am Genick. Strafe: ein Spiel Sperre und 10 000 Euro.
6. 17. April 2005, Horst Ehrmantraut (Saarbrücken): Vor laufender Fernsehkamera beschimpft er Schiedsrichter Mike Pickel. Strafe: 2500 Euro.
7. 2. Mai 2003, Werner Lorant (LR Ahlen): Auf dem Weg in die Kabine zeigt er den Fans von Union Berlin den Mittelfinger. Strafe: 12 000 Euro.
8. 2. März 2003, Werner Lorant (LR Ahlen): Er stößt Burghausens Spieler Macchambes Younga-Mouhani. Strafe: zwei Spiele Sperre und 3500 Euro.
9. 10. März 2001, Friedhelm Funkel (Hansa Rostock): Er wirft Schiedsrichter Jürgen Aust vor der TV-Kamera Betrug vor. Strafe: ein Spiel Sperre und 25 000 Mark.
10. 15. April 1994, Benno Möhlmann (HSV): Er tritt seinem Spieler Harald Spörl in der Halbzeitpause des Spiels beim 1. FC Köln gegen das Schienbein. Keine Strafe.
11. 2. Mai 1998, Ewald Lienen (Hansa Rostock): Er versucht, Schiedsrichter Georg Dardenne in Gladbach die Rote Karte aus der Hand zu reißen. Strafe: ein Spiel Sperre, 5000 Mark.

FEHLENDES FINGERSPITZENGEFÜHL

«Ein Spieler ist zu verwarnen, wenn er die Wiederaufnahme des Spieles verzögert.» So steht es in den Fußballregeln. Der

Schweizer Schiedsrichter Etter kennt sie genau. Und so kam es, dass er im Dezember 2004 in der Schweizer Liga die unwichtigste Karte seiner Karriere zeigte.

Nach seinem Tor zum 3:1 in Schaffhausen freute sich Paulo Diogo von Servette Genf so sehr, dass er zu den Gästefans hinter das Tor eilte und verwarnungswürdig den Absperrzaun hochkletterte. Beim Rücksprung verhakte sich Diogo mit dem Ring im Zaun. Er verlor die beiden oberen Fingerglieder, später musste sein Finger im Zürcher Unispital amputiert werden.

Der vor Schmerz schreiende und in die Kabine stürmende Diogo hatte nicht mehr mitgekriegt, dass ihm Schiedsrichter Etter pflichtbewusst die Gelbe Karte hinterherschickte – und dabei jegliches Fingerspitzengefühl vermissen ließ.

19 JAHRE HASS: SPÄTE RACHE EINES FANS

George Reilly, ehemaliger Stürmer des FC Watford, musste sein Siegtor zum 1:0 gegen Plymouth Argyle im Halbfinale des englischen FA-Cups 1984 schmerzhaft bezahlen. Damals hatte Plymouth die Möglichkeit, als erste Mannschaft aus der Third Division ins Endspiel einzuziehen. Es nicht geschafft zu haben, nagte 19 Jahre lang an einem fanatischen Fan. Nach 19 Jahren kam der Tag der Rache.

Der 45 Jahre alte Reilly arbeitete im März 2003 als Maurer. Auf einer Baustelle wurde er von einem Arbeiter angefallen und zu Boden gerissen. Beim anschließenden Kampf im Schlamm biss ihm der Mann das rechte Ohr ab. Bevor er flüchtete, hauchte er dem Torschützen von damals noch das Wort «Plymouth» ins verbliebene linke. Die Ohrmuschel wurde im Krankenhaus mit 50 Stichen wieder angenäht.

«Ich kann nicht glauben, dass jemand so lange so wütend sein kann», sagte Reilly. «Ich weiß, dass Fans sehr loyal sind, aber das geht ein bisschen zu weit.» Übrigens: Das FA-Cup-Finale 1984 verlor Watford mit 0:2 gegen den FC Everton.

⚽ ⚽ ⚽

SCHWEIZER UNTUGENDEN: SEPP BLATTER UND DIE STINKBOMBEN

Der norwegische Literaturnobelpreisträger Knut Hamsun mag seine Gründe gehabt haben, als er die Schweizer «dieses Scheißvolk hinter den Bergen» nannte, doch unbestreitbar ist die Rolle der Eidgenossen als Musterknaben des Weltfußballs. Wie anders erklärt es sich, dass alle maßgeblichen Institutionen, von der FIFA über die UEFA bis zu Günter Netzer, ihren Sitz in der Schweiz haben?

Der Niedergang begann Anfang der achtziger Jahre, als sich der englische Trainer Geoff Hurst beklagen musste: «Die Zweikampfhärte im internationalen Fußball ist furchterregend. Sogar eine Nation wie die Schweiz, die sonst nicht für ihre Rücksichtslosigkeit bekannt ist, hat jetzt schon damit angefangen.» Inzwischen wird ausgerechnet ein Schweizer mit dem hässlichen Gesicht des Verbandsfunktionärs identifiziert: der FIFA-Präsident Sepp Blatter aus dem Wallis, der sich darin überbietet, immer neue Regeländerungen und profitable, aber sportlich lächerliche Wettbewerbe zu erfinden. Kein Wunder, dass ein deutscher Journalist spottete: «Der Mann hat jeden Tag 30 neue Ideen, 31 davon sind schlecht.»

Und seit einigen Jahren beginnen sogar die sonst so gesitteten Fans aus der Rolle zu fallen. Bei einem WM-Qualifikationsspiel gegen Estland in Tallinn verschreckten die Schweizer Schlachtenbummler ihre Gastgeber nicht nur mit ihren ohrenbetäubenden Kuhglocken, sondern auch durch ihre Stinkbomben. Doch wie so vieles in der Schweiz hatte auch diese Unart ihre liebenswerte Seite. Der englisch-niederländische Journalist Simon Kuper jedenfalls, der in Tallinn die Nase in den Wind gehalten hatte, war angenehm überrascht: «Weil es Schweizer Stinkbomben waren, rochen sie gar nicht einmal so schlecht.»

DAS FLAIR EINES EUNUCHEN

Seit der Elsässer Arsène Wenger im September 1996 das Training beim FC Arsenal übernahm, gilt der früher als langweilig verschriene Londoner Klub («Boring, boring Arsenal») als Inbegriff des gallischen Flairs. Man kann es auch anders sehen. Nach dem 0:0 gegen Manchester United am 3. Januar 2006 verspottete Hugh McIlvanney, der beste britische Sportjournalist, Arsenals Spiel als Eunuchen-Fußball: «Viel Gefummel, keine Penetration.»

DAS UNAUSSPRECHLICHE PECH DES FRANCO F.

Die Nationalmannschaftskarriere von Franco Foda dauerte nur vier Tage. Auf der Südamerikareise der DFB-Auswahl im Dezember 1987 kam der Mittelfeldspieler des 1. FC Kaiserslautern in den Spielen gegen Brasilien und Argentinien jeweils ein paar Minuten zum Einsatz. Das aber reichte, um einen bleibenden Eindruck zu hinterlassen. In Brasilia konnten sich die einheimischen Fans jedenfalls am 12. Dezember 1987 vor Begeisterung kaum halten, als Teamchef Beckenbauer den Debütanten in der 82. Minute aufs Feld schickte. Kaum hatte der Stadionsprecher nach Landessitte zuerst den Familiennamen des Einwechselspielers genannt, kam Freude auf, denn Foda klingt wie ein derbes portugiesisches Wort für Geschlechtsverkehr. Und als der Sprecher auch noch den Vornamen nachreichte, kannte der Jubel keine Grenzen mehr. Franco bedeutet «kostenlos», und solche Gelegenheit lässt man sich auch in Brasilien nur ungern entgehen.

TÜRKISCHE RACHE: KEIN KEBAB FÜR SCHWEIZER FUSSBALLER

Das kleine Schweizer Städtchen Büren an der Aare, ein idyllisches Schilda im Seeland des Kantons Bern, rühmt sich zweier Attraktionen: erstens, dass der Dichter Robert Walser eines Tages im Gasthaus «Löwen» einen Schoppen Wein getrunken haben soll, zweitens des «Rasenplatzes mit Garderobengebäude und rustikalem Buvette» des lokalen Fußballklubs FC Büren. Diesem FC Büren widerfuhr das Geschick, von einem Flügelschlag der Sportpolitik angeweht zu werden. Und von diesem Schlag hat er sich bis heute nicht erholt.

Am 16. November 2005 hatte sich die Schweiz im Relegationsspiel in der Türkei für die WM 2006 qualifiziert, anschließend hatten sich die Spieler beider Mannschaften eine wüste Prügelei geliefert. Wenige Tage später besuchte der FCB einen befreundeten Klub im grenznahen Baden-Württemberg. Den Höhepunkt der Reise nach Deutschland sollte ein gemeinsames Abendessen bilden, und zu diesem Zweck hatten die badischen Gastgeber mehrere Tische reservieren lassen – ausgerechnet in einem türkischen Restaurant. Und kaum hatten sich die Bürener durch ihren unverwechselbaren Akzent verraten, da traf sie auch schon der Bannstrahl des türkischen Gastwirts. Er weigerte sich mit so unverblümt kräftigen Formulierungen, Gäste aus der Schweiz zu bedienen, dass denen nichts anderes übrigblieb, als das Lokal mit knurrendem Magen wieder zu verlassen.

Doch um nicht noch tiefer in das Getriebe nationalistischer Rachegelüste zu geraten, verordneten die braven Bürener sich selbst eine strikte Informationssperre. Hatten sie nicht, so befürchteten sie, in ein schwebendes FIFA-Verfahren um die Istanbuler Prügelei eingegriffen, indem sie ein türkisches Restaurant besuchten? Es sollte ihnen nichts helfen: Das Gerücht um das Skandalabendessen sickerte durch, und nun ist das Schilda an der Aare für drei Besonderheiten überregional bekannt: für Robert Walsers Schoppen im «Löwen», für die rustikale Buvette (zu Deutsch: kleine Weinstube) des FC Büren und für den Platzverweis seiner Fußballer in einem türkischen Restaurant.

EIN HERZLICHES WILLKOMMEN

«Wir haben unser Geburtsrecht an eine Nation von sieben Millionen Skifahrern und Hammerwerfern verkauft, die ihr halbes Leben in der Dunkelheit verbringen.»

(Die *Daily Mail* im November 2000 zur Entscheidung des englischen Fußball-Verbandes, mit dem Schweden Sven-Göran Eriksson erstmals einen Ausländer als Nationaltrainer zu verpflichten.)

VERBANDSFUNKTIONÄRE: DUMM WIE EINE ECKFAHNE

Einer der entscheidenden Gründe dafür, dass das «Mutterland des Fußballs» erst 1966 zum ersten Mal Weltmeister wurde, war der amateurhafte Dünkel der englischen Verbandsfunktionäre. Bis in die sechziger Jahre hinein entschied nicht der Teamchef, sondern der Liga-Ausschuss, ein greisenhaftes Gremium von Dilettanten, über die Aufstellung der Nationalmannschaft. Erst nach der WM 1962, als England wieder einmal vorzeitig ausgeschieden war, ernannte der Verband mit Alf Ramsey einen Mann, der auf der Selbstverständlichkeit bestand, ganz allein entscheiden zu dürfen. Der Erfolg von 1966 sollte ihm recht geben.

Bis es jedoch so weit war, hätte es für die Funktionäre reichlich Gelegenheit zum Umdenken gegeben: nach dem WM-K. o. 1950 gegen die USA in der ersten Runde, nach den Niederlagen gegen Ungarn 1953 (3:6 in Wembley) und 1954 (1:7 in Budapest) oder im November 1957 nach dem 2:3 zu Hause gegen das kleine Nordirland. Nach dieser jüngsten Peinlichkeit wagte es ein wütender Vereinstrainer, Derbys Harry Storer, den Liga-Präsidenten Joe Richards zu fragen: «Welches Recht haben Sie überhaupt, die Nationalmannschaft aufzustellen?» Würdevoll antwortete ihm Richards, dass er im Gegensatz zu Storer schon seit mehr als 50 Jahren zum Fußball gehe.

Da platzte Storer der Kragen: «Ach hören Sie doch auf. Wir haben bei uns auf dem Platz in Derby eine Eckfahne, die steht seit 50 Jahren dort und hat noch immer nicht die leiseste Ahnung vom Fußball.» Doch auch dieses eingängige Argument scheint über das Verständnis des Verbandsfunktionärs gegangen zu sein.

«WIE FUSSBALLER, NICHT WIE MENSCHLICHE WESEN ...»

Das vernichtendste Urteil über die Gattung des fußballspielenden Menschen fällte der Niederländer Jan Zwartkruis während der WM 1978 in Argentinien. Der Mann, der Hollands Cheftrainer Ernst Happel assistieren sollte, sich dann aber schon im Trainingslager mit dem mürrischen Österreicher in die Haare geriet, beschuldigte seinen Vorgesetzten, er behandle seine Leute «wie Fußballer, nicht wie menschliche Wesen». Mildernde Umstände sollte man Zwartkruis allerdings schon deshalb zubilligen, weil er zuvor Trainer der holländischen Militärauswahl gewesen war.

DIE LANGE LEITUNG DES ALEKSANDAR RISTIĆ

Verlagslektoren und Fußballtrainer haben eines gemeinsam: Sie laufen ständig Gefahr, sich durch verheerende Fehlurteile zu blamieren. Während die einen *Harry Potter* als unverkäuflich einstufen oder dem späteren Booker-Preisträger Roddy Doyle das Manuskript der *Commitments* kommentarlos wieder zurückschicken, fehlt den anderen oft der nötige Scharfblick beim Probetraining. Und weil Unfähigkeit und Überheblichkeit Geschwister sind, dürfen wir uns dann an Torheiten wie die des Aleksandar Ristić erfreuen.

Das größte Talent des Hamburger Fußballs zu Beginn der achtziger Jahre war der Bergedorfer Norbert Meier, dem dann auch die Ehre widerfuhr, vom großen HSV zum Probetraining eingeladen zu werden. Obwohl er dort eine gute Figur machte, hörte er danach wochenlang nichts mehr aus dem Hamburger

Fußballolymp. Daraufhin wurde Ristić, der Assistent des damaligen HSV-Trainers Branko Zebec, von einem Reporter angesprochen: Ob er noch an Norbert Meier interessiert sei, immerhin habe der inzwischen auch ein Angebot von Werder Bremen vorliegen. Woraufhin Ristić mit kühler Herablassung antwortete: «Norbert sollte daran denken, dass der Weg von Hamburg nach Bremen kürzer ist als der Weg von Bremen nach Hamburg.»

Meier entschied sich schließlich für den kürzeren Weg und wechselte nach Bremen. Mit Werder wurde er Deutscher Meister und spielte 16-mal in der Nationalmannschaft. Dass er später die Trainerlaufbahn einschlug, steht auf einem anderen Blatt dieses Buches. Dem Weitblick des HSV aber war wieder einmal ein Talent vor der eigenen Haustür entgangen – wie es ihm beispielsweise auch mit dem Eimsbütteler Thomas Wolter erging, der ebenfalls nach Bremen ging und dort Nationalspieler wurde.

... UND DIE PLATTE IST RUND

Torhüter haben es ebenso getan wie Stürmer. Nationalspieler wurden mehrfach dabei beobachtet – mitsamt ihren Trainern. Der «Kaiser» war dabei und auch der «Bomber», die Kremers-Zwillinge machten es sogar zu zweit – in aller Öffentlichkeit. Einige Bundesligastars hatten wenigstens den Anstand, nicht allzu laut dabei zu sein und ihr Treiben von stimmungsvoller Musik übertönen zu lassen. Das rechnen wir ihnen an, auch wenn es nichts an der Tatsache ändert, dass sie sich wie die anderen eines groben Foulspiels schuldig gemacht haben: Sie haben eine Platte besungen.

Die sechziger Jahre brachten Studentenunruhen, die Beatles und die Rolling Stones nach Deutschland, aber eben auch «singende» Fußballer. Sie kamen zunächst entweder lieblich schmachtend daher («Gute Freunde kann niemand trennen») oder aber im Kirmes-Sound («Bin i Radi, bin i König») und hielten sich unfassbarerweise wochenlang in den Hitparaden. Mit Pauken und Trompeten ging es auch durch die Siebziger («Fußball ist unser Leben»), immer mal wieder unterbrochen durch etwas fürs Herz («Das Mädchen meiner Träume»). In den achtziger und neunziger Jahren mussten wir einen bunten Strauß aus Schlagern («Olé España») ebenso ertragen wie Disco-Gestampfe («Far Away in America»). Im neuen Jahrtausend wurden uns dann sowohl Werke um die schmerzenden Ohren gehauen, die Menschen jenseits der dreißig kaum einem Musikstil zuordnen können oder wollen, als auch mit dünner Stimme Dahingehauchtes.

Daran versuchte sich auch Bayer Leverkusens früherer Nationalstürmer Thomas Brdarić, der einen – formulieren wir es höflich – flüchtigen Eindruck im deutschen Fußball hinterlassen hat. Bezeichnenderweise ist es nicht seine Handvoll Länderspiele, die in Erinnerung bleiben, sondern seine dümmliche CD «Die wilde 13», mit der er sich 2003 über die Torhüter Jens Lehmann, Oliver Kahn und Frank Rost lustig zu machen versuchte. Lehmann zum Beispiel wurde von Brdarić so besungen:

> Lieber Jens, du fehlst mir sehr/
> Mit dir gab's immer was zu lachen (ich danke dir)/
> Ich schoss dir gerne einen rein/
> Da konntest du so herrlich sauer sein.

Sieben Jahre später hatte Lehmann für den Barden immerhin ein Achselzucken übrig. In seiner Autobiographie *Der Wahnsinn liegt auf dem Platz* verspottete er Spieler wie ihn als die gnadenlos überschätzten: «… und einige sind sogar Nationalspieler geworden – zum Beispiel Thomas Brdarić.» Und dann kam es batsch, batsch, batsch: «Kann nichts und spielt für Deutschland. Kein Schuss, kein Dribbling, kein Passspiel.» Sonst nichts.

DIE FLOP-ELF DER GROBEN MUSIKALISCHEN FOULS:

1. *«Dann macht es Bumm»* (Gerd Müller, 1969)
2. *«Ja, der Fußball ist rund»* (Frank Schöbel & DDR-Auswahl, 1974)
3. *«Die wilde 13»* (Thomas Brdarić, 2003)
4. *«Fußball ist unser Leben»* (DFB-Auswahl, 1974)
5. *«Bin i Radi, bin i König»* (Petar «Radi» Radenković, 1966)
6. *«Das Mädchen meiner Träume»* (Helmut & Erwin Kremers, 1974)
7. *«Gute Freunde kann niemand trennen»* (Franz Beckenbauer, 1966)
8. *«Mama Calypso»* (Jimmy Hartwig, 1980)
9. *«Olé España»* (Michael Schanze & DFB-Auswahl, 1982)
10. *«Far Away in America»* (Village People & DFB-Auswahl, 1994)
11. *«Buenos Dias, Argentina»* (Udo Jürgens & DFB-Auswahl, 1978)

EINE RASIERKLINGE MACHT NOCH KEINE WM-QUALIFIKATION

Den plumpesten Betrugsversuch in der Geschichte der Weltmeisterschaften leistete sich der chilenische Fußballverband während der Qualifikation für die WM 1990. Der Versuch war derart dilettantisch, dass selbst dem erfahrenen englischen Journalisten Brian Glanville nur noch das Prädikat «erstaunlich» einfiel.

Im September 1989 waren die Chilenen zum vorentscheidenden Spiel der Südamerika-Gruppe 3 nach Rio de Janeiro gereist. Und weil sie sich auf sportlichem Weg keine ernsthafte Chance ausrechneten, hatten sie sich vorsichtshalber mit Geheimwaffen eingedeckt. Eine dieser Waffen war eine Leuchtrakete, die ein Mädchen in der 65. Minute – Brasilien führte mit 1:0 – in Richtung chilenischen Strafraum warf. Wie vom Blitz gefällt brach Torwart Roberto Rojas zusammen, der sich dann, aus mehreren Wunden blutend, vom Platz tragen ließ. Die gerechte Strafe für eine solche Brutalität konnte nur die Disqualifikation Brasiliens sein – dachten die Chilenen.

Zum Glück begnügten sich die Funktionäre diesmal nicht mit dem Augenschein, sondern schauten sich den Torwart näher an. Und siehe da: Wie durch ein Wunder hatte Rojas den Raketenangriff unverletzt überstanden, wenn man von den paar Wunden absieht, die er sich inmitten des Chaos mit einer Rasierklinge selbst zugefügt hatte, um auf eindrucksvolle Weise bluten zu können. Die Strafe für diesen einfältigen Betrug war drakonisch: Rojas wurde lebenslänglich gesperrt, die Mannschaft durfte weder 1990 noch 1994 in den USA an den Weltmeisterschaften teilnehmen, das Spiel selbst wurde mit 2:0 für Brasilien gewertet. Erst 1998 in Frankreich waren die Chilenen wieder dabei, wo sie in der zweiten Runde ausschieden – wieder gegen Brasilien, diesmal mit 1:4.

WER ZÄHLT DIE VÖLKER, NENNT DIE NAMEN ...

«Bei der Mannschaftsbesprechung vor Länderspielen gab uns Willie nie auch nur die leiseste Information über die gegnerischen Spieler, weil er deren Namen nicht aussprechen konnte. Nur ein einziges Mal, irgendwo in Skandinavien, machte er eine Ausnahme. Bevor wir auf den Platz liefen, warnte er uns: ‹Achtet bei Standardsituationen auf den großen Blonden.› Als wir draußen waren, sahen wir mindestens sechs große Blonde um uns herum. Was Wunder, wir spielten schließlich gegen Schweden.»

(Ein wohlweislich ungenannter Verteidiger über Willie Ormond, der von 1973 bis 1977 die schottische Nationalmannschaft trainierte)

BERTI VOGTS: ENGLISCH, WIE ES NICHT IM WÖRTERBUCH STEHT

«Es ist völlig egal, ob er hier unten oder dort oben ist. Ich verstehe sowieso kein Wort von ihm, selbst wenn er an der Seitenlinie steht.»

(Der schottische Mannschaftskapitän Barry Ferguson, nachdem sein Trainer Berti Vogts wegen Schiedsrichterbeleidigung auf die Tribüne verbannt worden war)

«Die Feinheiten unserer Sprache waren möglicherweise ein bisschen jenseits seines Verständnisses.»

(John McBeth, Präsident des schottischen Fußballverbands, nachdem er sich von Berti Vogts «im beiderseitigen Einvernehmen» getrennt hatte)

MENSCHLICHKEIT IM PROFISPORT? – NICHT MIT TONI SCHUMACHER

Es war eine scheußliche Szene, die scheußlichste Szene dieser Weltmeisterschaft.» Der Reporter des *Hamburger Abendblatts*, einer damals ernstzunehmenden Regionalzeitung, konnte sich nicht fassen vor Abscheu. Gerade hatte Deutschlands Torwart Toni Schumacher im Halbfinale der WM 1982 in Sevilla den Franzosen Patrick Battiston mit einer solchen Brutalität niedergerammt (und ihm dabei drei Zähne ausgeschlagen), dass man um das Leben des Opfers fürchten musste. Während Battiston mit einer schweren Gehirnerschütterung am Boden lag und drei Minuten lang nicht behandelt wurde, weil die spanische Polizei dem Roten Kreuz den Zutritt zum Stadion verweigerte, schlenderte Schumacher seelenruhig zum Tor zurück.

Angewidert fuhr der *Abendblatt*-Reporter fort: «Dort stand er, gummikauend, unbeteiligt.» Dabei war es «reine Brutalität, vorsätzliche schwere Körperverletzung». Die einzig gerechte Strafe, darin waren sich alle objektiven Augenzeugen einig, wäre die Rote Karte für Schumacher gewesen. Doch weil der niederländische Schiedsrichter Charles Corver einer der wenigen Menschen im Stadion war, der nichts gesehen zu haben schien, und sein Linienrichter ihn unbegreiflicherweise nicht auf die Tätlichkeit aufmerksam machte, rettete sich Deutschland gegen die geschockten und geschwächten Franzosen in die Verlängerung und dann per Elfmeterschießen ins Finale.

Dort jedoch sorgte eine höhere Gerechtigkeit dafür, dass Schumacher und Konsorten nicht auch noch mit dem Titel belohnt wurden. Der Gegner Italien stellte nicht nur die klar bessere Mannschaft, sondern hatte auch noch das gesamte Madrider Publikum hinter sich. Allzu dreist hatte sich Schumacher in Sevilla gegen jeglichen sportlichen Anstand versündigt, jetzt erhielten er und seine Mitspieler die verdiente Quittung. So tief saß die Wut, dass die Zuschauer sogar vergaßen, den Italiener Claudio Gentile dafür auszupfeifen, dass er in der Zwischenrunde 90 Minuten lang Diego Maradona misshandelt und ihn auch noch verhöhnt hatte: «Nein, Signor, dies hier ist keine Tanzstunde.»

Noch zynischer allerdings gebärdete sich Schumacher hinterher: «Ich kann ihm ja die Jacketkronen bezahlen», ließ er Battiston ausrichten. Und im *Hamburger Abendblatt* wurde er gar mit «Menschlichkeit im Profisport kann keiner von mir verlangen» zitiert. Kein Wunder, dass Europas beste Sportzeitung, die französische *L'Équipe*, die Contenance verlor: «Toni Schumacher, Beruf Unmensch. Er ist ein kleiner armseliger Wicht, ein Schwächling, der es nötig hat, andere zu verletzen.»

Unbelehrbar scheint er bis heute geblieben zu sein. In einer deutschen TV-Talkshow Anfang 2006 versicherte er, dass er alles genauso noch einmal machen würde wie damals in Sevilla, nur: «Unglücklich war bloß, dass niemand vom DFB mit ins Krankenhaus ging.» Der in der Sendung neben ihm sitzende Berti Vogts gab ihm recht: «Da hätte sich der DFB anders verhalten sollen.» Richtig: Wenn ein Ganove eine Rentnerin zu Boden schlägt und ihr dann das Portemonnaie stiehlt, sollte er ihr zumindest ein Blumensträußchen ins Krankenhaus schicken.

WIE MIGHTY MOUSE ZUM RIESEN WURDE

Während der siebziger Jahre war der für Liverpool und den HSV spielende Kevin Keegan einer der beliebtesten europäischen Fußballer. Nur im damaligen Jugoslawien scheint es ein paar Männer gegeben zu haben, die Keegans Popularität nichts abgewinnen konnten. Als im Juni 1974 die englische Nationalmannschaft auf einer Länderspielreise in Belgrad landete, wurde Keegan zu seiner Überraschung nicht mit Autogrammwünschen behelligt, sondern mit Fäusten traktiert – und das von offizieller Seite.

In Unkenntnis der Zeitverschiebung zwischen Bulgarien und Jugoslawien hatten die Engländer, die in Sofia gestartet waren, ihren Gastgebern in Belgrad eine zu frühe Ankunftszeit genannt, und so war niemand vom jugoslawischen Fußballverband da, der sie empfangen hätte. Stattdessen lungerten eine paar Herren in schäbigen braunen Anzügen herum und beäugten argwöhnisch die englischen Fußballtouristen. Einer dieser Herren entriss Keegan plötzlich seine Papiertüte voller Geschenke für die Familie und wollte sie durchsuchen. Wütend wehrte sich Keegan gegen den vermeintlichen Strolch, bis sich ein stattlicher Polizist in grauer Uniform einmischte. Er und sein Kollege im schäbigen braunen Zivil packten Keegan und trugen ihn in einen Nebenraum.

Was dort geschah, beschreibt Keegan so: «Es war unglaublich; selbst wenn ich ein überführter Drogenschmuggler gewesen wäre und nicht der Kapitän der englischen Nationalmannschaft, hätte ich allen Grund gehabt, mich zu beschweren. Sie schlugen auf mich ein, zwangen mich in die Knie, als ob sie mich gleich enthaupten würden, und als ich nach ihren Vorgesetzten rief, versetzten sie mir Fußtritte. Je mehr ich protestierte, desto kräftiger ohrfeigten sie mich. Erst als unser Reiseleiter dazukam, erkannten sie ihren Irrtum und versuchten, mir das Blut aus dem Gesicht zu wischen und die anderen Spuren ihrer Prügelei zu beseitigen. Was ihnen jedoch nicht gelang, so hart hatten sie zugeschlagen.»

Trotzdem verzichteten die Engländer aus Sorge vor diplomatischen Konsequenzen auf einen offiziellen Protest. Tags darauf rächte sich Keegan auf seine Weise. Er machte gegen Jugoslawien eines der besten Länderspiele seiner Laufbahn, wirbelte die gegnerische Abwehr derart durcheinander, dass 90 000 fanatischen Zuschauern das Pfeifen verging, und erzielte eines der beiden englischen Tore zum 2:2 per Kopfball. In seiner Wut gewann «Mighty Mouse» Keegan das Format eines Riesen.

GOLDEN GOAL, SILVER GOAL: VERRAT AM FUSSBALL

Es war wohl der Wunsch, dem Fußball kurz vor ihrem nahenden Ableben noch eine Neuerung zu verordnen. Wie anders ist es zu erklären, dass den Rentnern im Weltverband FIFA 1993 erstmals der Gedanke zur Einführung des Golden Goal kam. Analog zum «Sudden Death» im nordamerikanischen Eishockey hieß es: Schießt ein Spieler während der Verlängerung ein Tor, wird das Spiel sofort beendet. Es war ein Verrat am Fußball!

Die WM-Partie 1970 zwischen Deutschland und Italien wäre mit dieser Golden-Goal-Regel nie zum Jahrhundertspiel geworden.

Einem Gegner die Chance zu nehmen, das Spiel auch in der Verlängerung noch drehen zu können, ist unfair. Die FIFA, und im Gefolge treu auch die UEFA, waren unfair. Oliver Bierhoff schoss 1996 im Endspiel der Fußballeuropameisterschaft ein Golden Goal gegen Tschechien, stutzte, jubelte dann. So war es auch am 12. Oktober 2003, als Nia Künzer ein Golden Goal im Endspiel gegen Schweden bei der Frauen-WM 2003 in den USA zum 2:1 köpfte. Auch sie war kurz irritiert – Deutschland war Weltmeister.

Das Golden Goal scheiterte vor allem wegen der Proteste der Fans. Die UEFA erfand kurzerhand das Silver Goal und machte sich erneut lächerlich: Die Mannschaft, die nach den ersten 15 Minuten der Verlängerung führt, ist Sieger. Dann gibt es keine zweiten 15 Minuten mehr. Bei Gleichstand wird noch eine zweite Verlängerung von 15 Minuten gespielt. Steht dann kein Sieger fest, folgt ein Elfmeterschießen. Diese unsinnige Regel wurde letztmals bei der EM 2004 in Portugal angewandt. Ruhet sanft.

RENTNER SZYMANIAK: DIE LIEBE ZU DRITT

Horst Szymaniak war unbestritten einer der besten deutschen Fußballer der fünfziger und sechziger Jahre. Trotzdem hatte der liebenswert-arglose Junge aus dem Ruhrpott das Pech, von der Presse ganz besonders niederträchtig behandelt zu werden. Noch immer geistert beispielsweise die Anekdote um die Stammtische, die ein Journalist 1959 bei Szymaniaks Wechsel vom Wuppertaler SV zum Karlsruher SC kolportiert hatte. Als ihm die Badener zum Nebenerwerb eine Tankstelle und ein Drittel der Einnahmen anboten, soll der Spieler die inzwischen klassische Antwort gegeben haben: «Ich bin doch nicht blöd, unter einem Fünftel mache ich es nicht.»

Szymaniak, der stolz auf seine «neun Jahre Volksschule» pochte («Das Rechnen hat man uns auch damals beigebracht»), beschloss daraufhin, nur noch mit Journalisten seines Vertrauens zu sprechen – um dann im reifen Alter noch einmal hereinzufallen. Kurz nach seinem 65. Geburtstag gab er 1999 dem Fußball-Journal Niedersachsen ein Interview, in dem danach Merkwürdiges aus seinem Privatleben zu erfahren war. In einer eigentümlichen Mischung aus Kitsch und sprachlicher Unbeholfenheit verriet der Journalist des Vertrauens: «Das große Glück der Liebe genießt Rentner Szymaniak heute zusammen mit seiner Frau

Marga und Schäferhund Grischa.» Horst Szymaniak, genannt «Schimmi», starb am 9. Oktober 2009 im Alter von 75 Jahren.

TRAINERSCHELTE: LUG UND TRUG

Die kürzeste und folgenschwerste Antrittsrede, die je ein Trainer vor seiner Mannschaft hielt, war ganze zwei Sätze lang. Als Brian Clough 1974 sein Amt bei Leeds United antrat, wo damals Hinterhältigkeit und Niedertracht auf dem Platz als edle Kunst gepflegt wurden, forderte er die Spieler auf: «Gentlemen, das Erste, was ihr für mich tun könnt, ist, alle eure Medaillen in den Mülleimer zu werfen, weil ihr keine davon mit Anstand gewonnen habt. Ihr habt sie alle durch Betrug gewonnen.» Die Spieler hörten es ungern, 53 Tage später musste Clough zurücktreten.

GEFEIERT UND GEFEUERT

Der südkoreanische Nationalspieler Jung-Hwan Ahn tat das, was ein Profifußballer tun sollte, wenn sich die Gelegenheit ergibt: Er schoss ein Tor, ein wichtiges sogar. Dass ihn dieser Treffer den Job kosten würde, hatte er nicht geahnt. Seine Geschichte ist ein bedauerlicher Beleg dafür, was falsch verstandener Nationalstolz anrichten kann.

Bei der WM 2002 in Japan und Südkorea fühlten sich die Italiener betrogen wie nie. Sie hatten das Achtelfinale gegen Gastgeber Südkorea mit 1:2 verloren, dabei einige strittige Entscheidungen hinnehmen müssen. Eine Nation schäumte vor Wut. Trainer Giovanni Trapattoni witterte ein Komplott. Der TV-Sender RAI erwog wegen fallender Quoten eine Klage gegen die FIFA. Die Tifosi sahen Rot – Rot wie die Farbe der südkoreanischen Trikots.

Da es selbst die fußballverrücktesten Italiener abgelehnt hätten, wegen eines verlorenen Fußballspiels einen Krieg gegen das fernöstliche Land zu führen, musste der Unmut anderweitig kompensiert werden. Leidtragender war Jung-Hwan Ahn. In der 117. Spielminute, kurz vor dem Ende der Verlängerung, war er nach einer Flanke hochgesprungen und hatte per Kopf zum Golden Goal getroffen. Er traf Italien.

Der «David Beckham Koreas» erklärte sein Tor zum «Geschenk an das koreanische Volk». Er war 26 Jahre alt, der Held einer jungen Generation, langhaarig und zudem blendend aussehend. Sein Problem: Er hatte einen Vertrag beim AC Perugia in der italienischen Serie A. Den allerdings nicht mehr lange. Perugias nationalstolzer Präsident Luciano Gaucci feuerte den WM-Helden Ahn umgehend. Die *Gazzetta dello Sport* zitierte den selbsternannten Scharfrichter mit den Worten: «Ich werde nicht das Gehalt eines Spielers zahlen, der den italienischen Fußball ruiniert hat.» Später versuchte Gaucci, den Rauswurf mit angeblich italienfeindlichen Aussagen des Südkoreaners zu rechtfertigen. Niemand glaubte ihm.

Nach der WM 2002 versuchte Jung-Hwan Ahn, einen neuen Verein in Europa zu finden. Alle Bemühungen scheiterten. Er kehrte nach Asien zurück, spielte bei zwei japanischen Klubs in der J-League. Im Sommer 2005 gelang Ahn endlich die Rückkehr nach Europa, er heuerte beim FC Metz in Frankreich an. Am 24. Januar 2006 gab der MSV Duisburg Ahns Verpflichtung bekannt. Glücklich wurde er nicht. Nach einem halben Jahr ging er endgültig zurück in die Heimat. Dort wird er gefeiert wie ein Popstar, arbeitet nebenbei als Fotomodell und ist mit einer ehemaligen Miss Korea verheiratet. Dem AC Perugia hingegen erging's nicht ganz so gut. Der Klub wurde im August 2005 aus finanziellen Gründen aus der Serie B ausgeschlossen. Und Luciano Gaucci ist längst ein Teil des Müllbergs aus größenwahnsinnigen italienischen Fußballfunktionären.

AMERIKANISCHE SKEPSIS

«Der Rest der Welt will uns allen Ernstes einreden, Fußball sei das Größte. Haben uns die Russen das gleiche nicht immer über den Kommunismus erzählt?»

(Die Zeitung *WM Today* vor der Fußball-WM 1994)

WENN CHAMPAGNER DAS FASS ZUM ÜBERLAUFEN BRINGT

Die Atmosphäre war so richtig zum Wohlfühlen. Die behänden Servicekräfte im luxuriösesten Nobelhotel der Welt füllten die feinstgeschliffenen Gläser mit bestem Champagner. Es war schon die zweite Flasche an diesem Abend, Stückpreis eine durchschnittliche Monatsmiete für eine Immobilie in guter Lage. Die beiden Herren am Tisch tranken und unterhielten sich angeregt. Für einen von ihnen hatte das Gespräch allerdings unangenehme Folgen – Englands Nationaltrainer Sven-Göran Eriksson erhielt kurz danach seine Kündigung.

Der Schwede, den schönen Dingen des Lebens durchaus zugetan, hatte sich in dem 7-Sterne-Haus in Dubai zum Plauderstündchen mit einem Scheich verabredet. Mit 57 Jahren, das mag sich Eriksson überlegt haben, muss man schon mal an die Rente denken, und die könnte sich einer wie er durch ein Engagement in einem der fußballverrückten arabischen Öl-Staaten mühelos um ein paar Millionen Dollar im Jahr aufbessern – und es schadet ja nichts, rechtzeitig Kontakte zu knüpfen. In einer solchen Situation möchte man sein Gegenüber nicht mit langatmigen Ausführungen über Taktik und Trainingsmethoden langweilen. Also belebte Englands Coach das Gespräch mit Insideranekdoten aus Liga und Nationalmannschaft.

Einige seiner Spieler kamen dabei nicht sonderlich gut weg, aber immerhin besser als die Bosse der Premier-League-Klubs, die Eriksson als korrupt bezeichnet haben soll. Schließlich ließ der Fußballlehrer den Scheich noch wissen, dass die Arbeit mit dem Nationalteam auf Dauer auch nicht das Wahre und er deshalb offen sei für andere Angebote. Vorstellbar sei etwa ein Wechsel zum Erstligisten Aston Villa, bei dem sich durch den Einstieg eines finanzkräftigen Investors ganz neue Möglichkeiten ergeben könnten, auch für ihn.

Warum wir so viel über die Unterhaltung der beiden Herren wissen? Nun, der vermeintliche Scheich war in Wirklichkeit ein Reporter einer englischen Boulevardzeitung. Und die werden selten fürs Schweigen bezahlt. So nahm man auch im englischen Fußballverband (FA) im Januar 2006 die Einlassungen des leitenden Angestellten zur Kenntnis. Dort war man Kummer gewohnt mit Eriksson. Vor allem sein Liebesleben war der Presse schon manche Schlagzeile wert gewesen, besonders pikant war die Affäre mit einer Dame, die auch als Gespielin eines Verbandschefs galt. Einen anderen «Flirt» hatte die FA durch eine Verlängerung des «Ehe-Vertrags» mit dem Schweden unterbunden. Kaum war ruchbar geworden, dass er sich für die Milliarden eines Roman Abramowitsch und dessen neues Hobby FC Chelsea interessierte, war Eriksson bis 2008 an die Nationalmannschaft gebunden worden. «Irrsinn», titelte damals das Massenblatt *Sun* und hatte – ausnahmsweise – recht.

Nach der Dubai-Affäre war auch der FA klar, dass Eriksson nicht mehr zu halten ist. Mit Ende der WM 2006 in Deutschland ende die Amtszeit des Schweden, teilte der Verband mit. Dies geschehe «zum Wohle aller, die mit dem englischen Fußball verbunden sind, vor allem der Fans». Eine schallende Ohrfeige für den Trainer. Der konnte sich immerhin mit etwas Schmerzensgeld trösten – die Engländer ließen sich die Scheidung angeblich um die fünf Millionen Euro kosten. Das reicht selbst in Dubai für ein paar Gläschen Schampus. Nach zahlreichen weiteren Stationen wurde Eriksson im März 2010 Trainer der Elfenbeinküste. Der Name hatte ihm wohl gefallen.

WIE EIN FEHLER VERSCHWINDET

«Es ist immer bitter, wenn man Fehler im Finale macht. Es war, glaube ich, der einzige Fehler im Turnier. Das ist zehnfach bitter.»

(Oliver Kahn am 30. Juni 2002 nach dem 0:2 im WM-Endspiel gegen Brasilien. Der deutsche Torwart hatte in der 67. Minute einen Rivaldo-Schuss abprallen lassen und so Ronaldo den Ball zum 1:0 vorgelegt.)

«Sie bezeichnen das vielleicht als Fehler. Für mich als Torwart gibt es immer eine sachliche Erklärung. Es war einfach ein fieser, unterschnittener Ball, und der Platz war nass. Aber das begreifen sowieso nur Torhüter.»

(Oliver Kahn ein halbes Jahr später, von einem Reporter auf die 67. Minute des WM-Endspiels angesprochen)

EIN BLAUER MANN IN SCHWARZ

Die Verwirrung war erheblich im Bremer Weserstadion an diesem 8. November 1975 kurz vor 16 Uhr. Eine halbe Stunde hatten der SV Werder und Hannover 96 bisher vergeblich versucht, ein Tor im Nordderby der Fußball-Bundesliga zu schießen. Dann unterbrach ein energischer Pfiff ihre weiteren Bemühungen – Schiedsrichter Wolf-Dieter Ahlenfelder erklärte die erste Halbzeit für beendet. Nach 29 Minuten.

Der Fußballtag in Bremen hatte schon ungewöhnlich begonnen. Im Hotel «Zur Post», in dem die Unparteiischen Quartier bezogen hatten, begrüßte Ahlenfelder einige Reporter zunächst freundlich per Handschlag, um dann plötzlich sein Hemd zu heben. Ohne ersichtlichen Grund, aber mit breitem Grinsen präsentierte er den Anwesenden seinen nackten Bauch. Darin befand sich noch das Mittagessen, das Ahlenfelder zuvor eingenommen und – wie er später sagte – mit «einem Bier und einem Malteser» runtergespült hatte.

Ob er sich bei den Getränken verzählt hat, das «eine» Bier und der «eine» Schnaps in außergewöhnlich großen Gläsern serviert wurden, oder ob der Mann aus Oberhausen an diesem Nachmittag einfach etwas schwächelte, sei dahingestellt. Auf jeden Fall wirkte er auch im Kabinenbereich des Weserstadions, wo er sich mehrfach in der Tür irrte, und erst recht später auf dem Platz leicht orientierungslos. Ahlenfelder lief lachend und wild gestikulierend über den Rasen, zwischendurch schimpfte er laut, wenn ihm eine Aktion missfiel. Dass der Schiedsrichter noch mehr Drohgebärden im Repertoire hatte, musste Hannovers Trainer Helmut «Fiffi» Kronsbein erschreckt feststellen. Er hatte eine Anweisung aufs Feld gerufen – für Ahlenfelders Geschmack etwas zu laut – und sah sich prompt einem wütend wie eine Katze fauchenden Mann in Schwarz gegenüber. Kronsbein wich zurück und beschloss, sich für den Rest der Begegnung still zu verhalten.

Vielleicht war seine Uhr kaputt, vielleicht hatte der Mann schrecklichen Durst, vielleicht war er auch entkräftet von der Anstrengung, rund 44 Fußballer und zwei Bälle im Auge behalten zu müssen. Fakt ist, dass Ahlenfelder nach knapp einer halben Stunde zur Pause pfiff. Ihm muss dann aber aufgefallen sein, dass er der einzige Mensch im Stadion war, der das für eine gute Idee hielt. Nach kurzem Innehalten ließ er die Mannschaften doch noch eine Weile spielen.

Im weiteren Verlauf der Begegnung gab es keine größeren Auffälligkeiten mehr, mal abgesehen davon, dass Ahlenfelder einem Fotografen die Zunge rausstreckte. Nach vollen 90 Minuten beendete er das Spiel beim Stand von 0:0. Besonders peinlich schien dem Schiedsrichter sein Auftritt nicht gewesen zu sein. Statt einer Entschuldigung kam ihm nur folgender Satz über die Lippen: «Wir sind doch Männer. Wir trinken keine Brause.»

SCHNELLE ENTSCHEIDUNG DAUERTE 190 MINUTEN: REKORDE VOM PUNKT

Wiederholungsspiel vermeiden und eine schnelle sportliche Entscheidung herbeiführen: Das sind die wichtigsten Gründe für die Einführung des Elfmeterschießens. Der Schuss kann aber auch nach hinten losgehen, wie diese drei Beispiele eindrucksvoll zeigen:

- So viele Elfmeter wie nie zuvor in einem europäischen Fußballspiel waren nötig, um einen Sieger in der Partie zwischen den englischen Klubs Tunbridge Wells und Littlehampton Town zu ermitteln. Erst nach drei Stunden, zehn Minuten und 40 Schüssen konnte Tunbridge das FA-Cup-Qualifikationsspiel vor gerade einmal 122 Zuschauern für sich entscheiden. Tunbridge siegte 16:15. Nach regulärer Spielzeit und Verlängerung hatte es 2:2 gestanden.

- Im Januar 2005 schossen KK Palace und Civics in der ersten Runde des namibischen Cup-Wettbewerbs 48 Elfmeter, ehe sich Palace mit 17:16 durchsetzte.
- 1988 bezwangen die Argentinos Juniors in der argentinischen Meisterschaft Racing Club nach 44 Versuchen vom Elfmeterpunkt mit 20:19. Die argentinische Liga hatte damals das Elfmeterschießen eingeführt, um Unentschieden zu vermeiden.

DIE KARIBISCHEN VERSUCHSKANINCHEN DER FIFA

Die FIFA wollte das Golden Goal testen, wie die Pharmakologen eine neue Medizin. 1994 wählte sie die Meisterschaft der Karibik als Versuchsfeld aus. Die Regeln waren ungewöhnlich, genauer gesagt: lächerlich, verantwortungslos, niederträchtig.

Bei einem Unentschieden wurden auch die Gruppenspiele des «Shell Caribbean Cups» verlängert und mit einem Golden Goal (damals hieß es noch «Sudden Death») entschieden. Nun fragt sich bei dieser Vorgehensweise: Was ist mit dem Torverhältnis? Denn es kann ja für ein Team nachteilig sein, sollte es in der Verlängerung nicht mehr als einen Treffer erzielen. Um einen solchen Fall auszuschließen, wurde von der FIFA festgelegt, dass ein Golden Goal doppelt zählt!

Und das führte zum wohl kuriosesten Spiel der Fußballgeschichte.

In der Vorrundengruppe A spielten Barbados, Grenada und Puerto Rico. Am 23. Januar gewannen die Puertoricaner mit 1:0 gegen Barbados. Zwei Tage später unterlagen sie Grenada mit 0:1. Hier kommen schon die Regeln ins Spiel: Dieses Tor fiel in der Verlängerung, zählt also doppelt. Damit wies Puerto Rico ein Torverhältnis von 1:2, Grenada eines von 2:0 auf.

Am 27. Januar kam es zum Showdown zwischen Barbados und Grenada. Barbados konnte noch Erster werden, musste mit zwei Toren Unterschied siegen. Grenada reichte eine knappe Niederlage zum Weiterkommen. Barbados ging 2:0 in Führung, aber sieben Minuten vor dem Ende gelang Grenada das Anschlusstor.

In den Reihen der Akteure aus Barbados machte sich nun neben Verzweiflung auch große Verwirrung breit. Würde man in nur sieben Minuten noch das 3:1 schaffen? Oder wäre es nicht besser, per Eigentor das 2:2 zu schießen, das Spiel in eine 30-minütige Verlängerung zu zwingen und auf ein Golden Goal zu hoffen, das dann ja zum Endstand von 4:2 führen würde?

Als Grenada mitbekam, was das Team von Barbados plante, war man in der misslichen Lage, gleich beide Tore verteidigen zu müssen! Das gelang allerdings nur wenige Minuten lang, dann schoss Barbados ein absichtliches Eigentor zum 2:2. Aber damit nicht genug …

Als die Spieler zum Anstoß am Mittelkreis standen, begriff Grenada: Wir müssen nun selbst ein Eigentor schießen, denn eine 2:3-Niederlage reicht dem Team ja. Was zu dem Szenario führte, dass es nun die Fußballer aus Barbados waren, die in den letzten Sekunden beide Tore – auch das von Grenada – gegen die Gegner verteidigten.

Sie taten das mit großem Erfolg. Barbados rettete das Spiel nicht nur in die Verlängerung, sondern schoss in der 94. Minute auch das entscheidende Golden Goal (diesmal ins richtige Tor) und gewann 3:2, also 4:2.

In der Zwischenrunde hielt sich Barbados achtbar, schied aber nach zwei Unentschieden aus, weil das Team die dritte Partie gegen den späteren Turniersieger Trinidad/Tobago 0:2 verlor.

Das entscheidende Eigentor hatte die FIFA geschossen. Sie hatte den Fußball der Lächerlichkeit preisgegeben.

⚽ ⚽ ⚽

DIE KALTE SCHULTER

«Es ist einer der glücklichsten Momente meines Lebens», jubelte Otto Rehhagel am 3. Mai 1988 nach dem 1:0 in Frankfurt. Schon drei Spieltage vor dem Saisonschluss hatte sich der Trainer mit Werder Bremen die Deutsche Meisterschaft in der Saison 1987/88 gesichert. Es wäre schön gewesen, hätte er sein Glück teilen können.

Stattdessen aber schrieb Rehhagel am 21. Mai 1988, 18 Tage nachdem Werder als Meister feststand, ein finsteres Kapitel zwischenmenschlicher Beziehungen im Fußball. Bremens Torhüterlegende Dieter Burdenski war der Leidtragende dieser Gemeinheit.

Dabei war der Showdown perfekt bereitet für den sympathischen Tormann. 18 Jahre hatte Dieter Burdenski für Werder zwischen den Pfosten gestanden, er hatte 444-mal das Tor der Grün-Weißen gehütet. Vor gut 18 Jahren hatte er beim FC Schalke mit dem Profikicken begonnen. Und im vermeintlich letzten Spiel seiner Laufbahn hieß der Gegner: Schalke! Das Schicksal meinte es scheinbar gut mit «Budde». Scheinbar. Hätte es da nicht Otto Rehhagel gegeben.

Rehhagel ließ Oliver Reck durchspielen, gönnte Burdenski nicht eine Sekunde!

Es kann kaum sein, dass Otto Rehhagel nichts gespürt, nichts gefühlt, nichts gemerkt und nichts gehört haben will an jenem 21. Mai 1988, dem 4:1 in Gelsenkirchen. Nie zuvor und nie danach hat ein Trainer einem Spieler so erbarmungslos die kalte Schulter gezeigt. Und wie gesagt: Werder spielte auf Schalke, dort hatte Burdenski vor vielen Jahren sein erstes Spiel überhaupt gemacht. Am Ende war «Budde» nur noch enttäuscht: «Das Thema Rehhagel ist für mich erledigt. Er hat eben doch keine menschliche Stärke.»

Niemand außer Rehhagel kannte den Grund für diese Gefühlskälte. Burdenski: «Es gab doch keinerlei Risiko. Wir waren Meister, und Schalke stand als Absteiger fest.»

Rehhagel auch.

⚽ ⚽ ⚽

CIGARETTES AND WHISKY AND CHEERIO ...

Während der siebziger Jahre stellte der Provinzklub Ipswich Town eine der besten und attraktivsten Mannschaften des englischen Fußballs. Doch für die Wettbewerbe auf dem Kontinent schien dem Team aus East Anglia das rechte Gespür und die richtige Einstellung zu fehlen. Während die heimischen Konkurrenten Liverpool, Nottingham Forest und Aston Villa den Europacup der Meister in Serie abräumten, musste sich Ipswich mit dem UEFA-Cup 1981 begnügen. Ein Schlüssel zum Misserfolg könnte der Ausspruch des damaligen Vereinspräsidenten John Cobbold sein: «Natürlich wollen wir uns auch weiterhin für Europa qualifizieren. Woher sollten wir sonst unsere zollfreien Zigaretten bekommen?»

⚽ ⚽ ⚽

DIE GENTLEMEN BITTEN ZUR KASSE

«Es stört mich nicht, dass Roy Keane 60 000 Pfund die Woche verdient. So viel hatte ich schließlich auch, als ich noch spielte. Der einzige Unterschied ist, dass ich mir damals das Geld selber druckte.»

(Der 51-malige Waliser Nationalspieler Mickey Thomas, der wegen Falschmünzerei zu 18 Monaten Gefängnis verurteilt wurde)

⚽ ⚽ ⚽

DEUTLICHE WORTE

«Den 25. Juni 1978 können Sie getrost schon jetzt als den Tag im Kalender ankreuzen, an dem Schottlands Fußball die Welt erobern wird.»

(Der schottische Nationaltrainer Ally McLeod bei der Pressekonferenz vor der Abreise zur WM 1978 in Argentinien. Das Endspiel am 25. Juni gewann Argentinien gegen Holland. Schottland schied wie immer in der ersten Runde sang- und klanglos aus.)

⚽ ⚽ ⚽

UND DAS ALLES MIT SCHWÄBISCHEM AKZENT

«Zu Klinsmanns schlechtem Deutsch gesellte sich das Neu- und Dummsprech der New Economy, der grienende Sekten-Optimismus eines Motivations-Scharlatans.»

(Zitat der *Neuen Zürcher Zeitung* aus dem deutschen Musikmagazin *Rolling Stone* – im Mai 2006, also schon drei Jahre vor Klinsmanns Scheitern als Trainer von Bayern München)

DER ABEND VON LENS UND DIE TAGE DANACH

Der 23. Mai 2001 ist ein guter Tag für Markus Warnecke. Lächelnd umarmt der 30-Jährige im Gerichtssaal von Saint Omer seine Mutter und seine Schwester, er ist erleichtert, glücklich. Bald wird der Deutsche, der drei Jahre in einem französischen Gefängnis gesessen hat, wieder frei sein, ein normales Leben führen. Wenige Meter entfernt sitzt Daniel Nivel. Sein Gesicht ist starr. Das Leben des 46-Jährigen wird nie wieder so sein, wie es vor dem Tag war, an dem er Markus Warnecke das erste Mal begegnete.

Am 21. Juni 1998 kommt ein Bus aus Hannover im nordfranzösischen Lens an. Dort spielt die deutsche Nationalmannschaft an diesem WM-Sonntag gegen Jugoslawien. Viele der knapp 50 Deutschen aus dem Bus haben keine Eintrittskarte, sie stört das nicht. Ihr «Spiel» findet außerhalb des Stadions statt, es heißt Zerstörung und Menschenjagd.

Mehrere hundert Hooligans ziehen randalierend und prügelnd durch die Stadt. Die französische Polizei ist auf den Gewaltausbruch vorbereitet, ein Großaufgebot drängt die Masse zurück. Doch eine kleine Gruppe der Deutschen hat sich abgespalten, die jungen Männer in den Bomberjacken rennen in eine Seitenstraße. Dort steht Daniel Nivel. Gemeinsam mit zwei Kollegen war der Gendarm eingeteilt, einen dort abgestellten Polizeibus zu bewachen. Den beiden anderen gelingt es, den Schlägern zu entkommen, Nivel hat keine Chance. Die Deutschen prügeln auf ihn ein – mit Fäusten, mit Brettern, mit einer Eisenstange. Sie treten ihn mit ihren Stiefeln – auch noch, als er schon blutend am Boden liegt und sich nicht mehr rührt.

Der Polizist liegt wochenlang im Koma. Er überlebt, doch die brutalen Schläge hinterlassen furchtbare Spuren: Der Vater von zwei Kindern verlässt die Klinik mit schwersten Behinderungen, körperlichen und geistigen. Er kann kaum sprechen, seinen Körper nicht mehr richtig kontrollieren und ist auf einem Auge blind. Daniel Nivel, Mitte 40, ist ein gebrochener Mann.

Einem halben Dutzend Hooligans kann eine Beteiligung an der Tat nachgewiesen werden. Sie werden zu Haftstrafen zwischen dreieinhalb und zehn Jahren verurteilt, unter anderem wegen versuchten Mordes. Auch in der Verhandlung gegen Markus Warnecke fordert die Anklage eine zehnjährige Strafe. Das Schwurgericht in Saint Omer verurteilt ihn zu fünf Jahren Gefängnis. Einen Großteil davon hatte der Deutsche bereits in der Untersuchungshaft abgesessen, für ihn ist die Urteilsverkündung im Mai 2001 ein halber Freispruch.

Nicht einmal ein Jahr später wird Markus Warnecke aus dem Gefängnis entlassen und kehrt nach Deutschland zurück. Nur zehn Wochen später ist er auf dem Schützenplatz in Hannover erneut in eine schwere Schlägerei verwickelt. Nivel-Anwalt Antoine Vaast: «Wir haben alle nicht an die Verwandlung des Hooligans in einen Philosophiestudenten geglaubt.»

GALANTERIEN À LA GAZZA

Paul «Gazza» Gascoigne mag einer der elegantesten englischen Fußballer nach dem Krieg gewesen sein, doch es wäre für ihn besser gewesen, hätte er auch das Sprechen seinen Füßen überlassen. Denn sobald er den Mund aufmachte, war es vorbei mit der Eleganz. Das bekamen vor allem die italienischen Gesprächspartner während seiner Zeit als Profi bei Lazio Rom zu spüren.

Mal machte er Schlagzeilen, als er bei einem Interview demonstrativ ins Mikrophon rülpste, mal brachte er eine attraktive Reporterin von Radio Montecarlo in Verlegenheit, die ihn gefragt hatte: «Wie darf ich Sie ansprechen, Paul oder Gazza?» Gascoignes wenig galante Antwort: «Bevor ich mit Ihnen ins Bett gehe, Paul, hinterher Gazza.» Die plumpste Anbiederung jedoch erlaubte er sich gegenüber Lazios Präsident Sergio Cragnotti, der zu einem Gespräch eine junge Dame mitgebracht hatte. Mit eisigem Schweigen reagierte Cragnotti, als der Engländer als Erstes auf die Figur seiner Begleiterin anspielte: «Your daughter, big tits.» Was Gascoigne nicht wusste: Es war nicht die Tochter, sondern die Nichte, der er ein Kompliment à la Gazza gemacht hatte.

DAS SPIEL, DAS NIE HÄTTE STATTFINDEN DÜRFEN

Das Europacup-Endspiel 1985 im Brüsseler Heysel-Stadion zwischen Juventus Turin und dem FC Liverpool bleibt nicht nur als eine der schwersten Katastrophen des europäischen Fußballs in Erinnerung, sondern auch als eine der gröbsten Fahrlässigkeiten, die sich unfähige Behörden und Funktionäre zuschulden kommen ließen. Ohne die Gewalttätigkeit der betrunkenen Liverpooler Fans beschönigen zu wollen, unter deren Fäusten, Tritten und Schlagwaffen 39 Menschen, die meisten von ihnen Italiener, starben – hätten die UEFA und die belgische Regierung bis hinab zur Polizei schon im Vorfeld nicht so töricht und verantwortungslos reagiert, wäre es nie zu diesem Spiel gekommen, zumindest nicht in Brüssel.

Bereits im Winter hatte die UEFA eine Kommission nach Belgien geschickt, um zu überprüfen, wie sicher das baufällige Heysel sei. Doch weil es an diesem Tag bitterkalt in Brüssel war, blieben die meisten Funktionäre in ihren warmen Hotelzimmern. Die wenigen, die sich nach draußen wagten, begnügten sich mit einem flüchtigen Blick ins Stadion-Innere. Auch die Polizeibeamten, die Belgiens Innenminister Count Nothomb später nach England schickte, um die Gefahr durch die Hooligans zu erkunden, kehrten unbesorgt zurück – so unbesorgt, dass sie am Endspieltag auf alle Kontrollen an den Stadioneingängen verzichteten und die Hooligans ungehindert ihre Waffen und Flaschen hineinschmuggeln ließen.

Doch auch angesichts der Katastrophe übte die Polizei vornehme Zurückhaltung. Ganze acht Uniformierte standen am Spielfeldrand und schauten tatenlos zu, wie Liverpools Hooligans die morschen Trennwände des altersschwachen Stadions eindrückten und dann in der ausbrechenden Panik ihre italienischen Opfer zu Tode trampelten. Lediglich wenn Zuschauer in ihrer Todesangst den Zaun zum Rasen zu überklettern versuchten, griff die Polizei zum Schlagstock und prügelte sie zurück.

Den makabersten Anblick bot die Polizei den noch aufnahmefähigen Zuschauern, als die Gewalt schließlich abgeebbt war. Ein pompös auftretender Offizier führte seine Einheit im Gleichschritt zum Anstoßkreis, ließ sie dort in Reih und Glied antreten und kontrollierte sorgfältig die stramme Haltung seiner Untergebenen. Dann erst konnte das Spiel beginnen, das abzusetzen die Behörden nicht gewagt hatten, weil sie weitere Ausschreitungen der enttäuschten Fans fürchteten. Der Gedanke, die Toten in Block Z der Tribüne in Würde zu betrauern, indem das Spiel abgesagt wurde, spielte nur eine untergeordnete Rolle.

Zumindest hätte dieses Spiel, das nie hätte stattfinden dürfen, keinen Sieger verdient gehabt. Doch wie das in solchen Fällen eben so ist: Juventus Turin gewann dank eines von Platini verwandelten Elfmeters – nachdem Gary Gillespie Turins polnischen Stürmer Zbigniew Boniek klar vor der Strafraumgrenze gefoult hatte, der Schweizer Schiedsrichter André Daina aber dennoch Strafstoß pfiff. Wie anders als durch eine Fehlentscheidung konnte ein solches Spiel entschieden werden?

Liverpools Verantwortliche hatten zwar rechtzeitig vor Heysels lebensbedrohenden Sicherheitsmängeln gewarnt, doch erst als alles zu spät war, begannen die Belgier auf diese Warnungen zu hören. Innenminister Nothomb weigerte sich trotz offenkundiger Unfähigkeit beharrlich, die Verantwortung zu übernehmen. Erst als die gesamte Regierung seinetwegen gestürzt wurde, musste auch er endlich gehen. Liverpools Fußballer jedoch, die Einzigen, die von Beginn auf die Gefahren hingewiesen hatten, wurden besonders hart bestraft. Während alle englischen Mannschaften von der UEFA auf unbestimmte Zeit von den europäischen Wettbewerben ausgeschlossen wurden, bekam der FC Liverpool noch drei zusätzliche Jahre Sperre verordnet.

VERLÄNGERUNG AM GRAB

Schalke trug Trauer, als Ernst Kuzorra am 1. Januar 1990 im Alter von 84 Jahren starb. Viele wollten ihm, dem großen Sohn und Ehrenbürger Gelsenkirchens, der die «Knappen» in den dreißiger und vierziger Jahren zu sechs Deutschen Meisterschaften geführt hatte, das letzte Geleit geben. Nur einer fehlte bei der Trauerfeier – Vereinspräsident Günter Eichberg.

Der Schalke-Boss war im Urlaub auf den Bahamas, um seine markante Sonnenbräune aufzufrischen. Durch einige unglückliche Umstände verzögerte sich seine Heimkehr – er stieß erst Stunden nach der Beisetzung zur Trauergesellschaft hinzu. An der Kaffeetafel gab es nun eine längere Beratung über die missliche Situation. Nach einer Weile erhob sich eine kleine Gruppe und folgte dem Präsidenten nach draußen. Wenig später formierte sich ein zweites Mal ein Trauerzug auf dem Schalker Friedhof Rosenhügel, um Abschied von Ernst Kuzorra zu nehmen. Dieses Mal ohne den Verblichenen, dafür aber mit Günter Eichberg.

Der Vereinspräsident und sein Gefolge machten sich auf den Weg zum Grab, dort wurde ein Kranz niedergelegt, es flossen Tränen, und die eilig herbeigerufenen Fotografen machten reichlich Bilder. So sah die Nachwelt tags darauf Eichberg mit Trauermiene Abschied vom großen Kuzorra nehmen, und mancher konnte sich ein pietätloses Grinsen nicht verkneifen.

FAN-VERSE

«Wir holen die Meisterschaft
den Europacup
und den Pokal
wenn nicht – is' scheißegal!»

(… gehört bei einem Heimspiel von Hertha BSC)

ALLEN WOHL UND NIEMAND WEH – FASSENACHT BEIM SVW

Das «schlechteste Fußballspiel aller Zeiten» nennt das *Buch heroischen Scheiterns*, das grundlegende englische Werk über die menschliche Unfähigkeit, eine Begegnung, die 1973 im goldenen Mainz für Freude sorgte, wenn auch nur auf deutscher Seite. Der Südwest-Regionalligist SVW Mainz hatte sich aus Wolverhampton den Freizeitklub Oxbarn Social Club als Testpartner für die neue Saison eingeladen – in der irrigen Annahme, es handle sich dabei um den mehrmaligen englischen Meister Wolverhampton Wanderers.

Oxbarns Hobbyfußballer, die zu Hause sonntagvormittags nur auf Gemeindeangern spielten, begannen Unheil zu wittern, als sie in das vollbesetzte Mainzer Stadion geführt wurden. Und als dann ihr Trainer auch noch so nebenbei hörte, dass die gegnerischen Spieler als Siegprämie eine dreistellige Summe kassieren würden, ahnte er: «Da kann irgendetwas nicht stimmen.» Doch das Publikum in der Fassnachts-Metropole Mainz bejubelte allen Ernstes jedes Tor seiner Elf und war auch noch so fachkundig zu klatschen, wenn einmal durch Zufall ein Engländer im Ballbesitz war.

Beim 15. Gegentreffer ging Oxbarns Torwart in die Knie, um ein Stoßgebet zum Himmel zu schicken. Erhört wurde er nicht, denn erst beim Stand von 21:0 gaben sich die Rheinland-Pfälzer zufrieden. Um die Schmach vor Freunden und Verwandten in Oxbarn zu mildern, meldete der Trainer nach Hause, sie hätten gegen eine Spitzenmannschaft der Bundesliga à la Bayern oder Mönchengladbach verloren. Und so wird der inzwischen längst in den Niederungen des Amateurfußballs versunkene SV Weisenau Mainz noch heute – angemessen inkompetent – im *Buch heroischen Scheiterns* dargestellt.

EIN TÖDLICHER FEHLER

Humberto Muñoz schoss, bis das Magazin seiner Pistole leer war. Zwölfmal feuerte er vor einem Nachtklub in Medellin auf sein Opfer, den kolumbianischen Fußballprofi Andrés Escobar. Nach jedem Schuss, so berichten Augenzeugen, schrie der Mörder ein Wort: «Tor».

Escobar starb am 2. Juli 1994. Wenige Tage zuvor war der 27-Jährige mit der Nationalmannschaft von der Weltmeisterschaft in den Vereinigten Staaten heimgekehrt, viel früher als erwartet. Die Kolumbianer, als Geheimfavorit gehandelt, waren bereits in der Vorrunde gescheitert, und im entscheidenden Gruppenspiel gegen Gastgeber USA war Escobar ein entscheidender Fehler unterlaufen: Mit einem Eigentor hatte der Verteidiger die 1:2-Niederlage seiner Mannschaft eingeleitet. Das Ausscheiden traf die Kolumbianer tief in ihrem Nationalstolz, und die Enttäuschung schlug schnell in Wut um. Auch bei der Mafia, die viele Millionen Dollar aus dem Drogengeschäft auf ein Weiterkommen der Mannschaft gesetzt haben soll. Und es war so leicht, einen Schuldigen zu finden – Escobar hatte noch zehn Tage zu leben.

Ob Humberto Muñoz dem Fußballer am frühen Morgen des 2. Juli im Auftrag des Organisierten Verbrechens vor dem Lokal in Medellin auflauerte oder ob es die Tat eines kranken Fanatikers war, wurde nie geklärt. Ein Gericht verurteilte Muñoz zu 43 Jahren Haft, im Herbst 2005 wurde er vorzeitig aus dem Gefängnis entlassen.

EIN KURZES GLÜCK

Als Max Merkel Anfang Januar 1967 den 1. FC Nürnberg übernahm, schwebte der Traditionsverein in höchster Abstiegsgefahr. Der neue Trainer, der zuvor 1860 München zu Pokalsieg und Meisterschaft geführt hatte, vertraute auf sein bewährtes Rezept und führte den Club mit «Zuckerbrot und Peitsche» auf Platz zehn. Das war ein bescheidener Erfolg im Vergleich zu dem, was im Jahr darauf folgte: Unter Merkels Regie errangen die Nürnberger 1968 ihre neunte Deutsche Meisterschaft. Die Freude aber währte nur kurz. Im März 1969 war das Zuckerbrot gegessen, und Merkel konnte die Peitsche wieder einpacken – der Club stand auf dem letzten Tabellenplatz, Merkel wurde gefeuert. Immerhin blieb dem «Zampano» dadurch das Schicksal erspart, als erster Bundesliga-Trainer mit einem Meister abzusteigen. Dieses bislang einzigartige Erlebnis überließ er seinem Nachfolger Kuno Klötzer.

DER SCHWÄRZESTE TAG EINES GROSSEN SCHOTTEN

Die Rivalität zwischen Engländern und Schotten ist legendär, doch keiner hat seine Abneigung gegen den Nachbarn unmissverständlicher formuliert als Denis Law, einer der größten schottischen Fußballer aller Zeiten. Am 30. Juli 1966 zog er der Fernsehübertragung des WM-Endspiels England–Deutschland eine Partie Golf vor, obwohl im englischen Team seine Mannschaftskameraden bei Manchester United, Bobby Charlton und Nobby Stiles, mitspielten. Später berichtete Law: «Ich kam nach dem 18. Loch um die Ecke und sah, dass vom Fenster des Klubhauses mir ein paar Leute zujubelten und mir erzählen wollten, dass England Weltmeister sei. Es war der schwärzeste Tag meines Lebens.»

Ein Jahr später revanchierte sich Englands Meistermacher Alf Ramsey. Als die englische Mannschaft zum Freundschaftsspiel gegen Schottland flog, erwartete sie am Flughafen Prestwick in der Nähe von Glasgow ein riesiges Transparent mit der versöhnlichen Aufschrift «Willkommen in Schottland». Ramseys wütende Reaktion gegenüber dem nächststehenden schottischen Journalisten: «Lassen Sie Ihre verdammten Witze.»

EIN SCHIEDSRICHTER SIEHT ROT

In Barreira im Nordosten Brasiliens stehen sich am 22. August 2010 die Mannschaften von Cajueiro und Boa Fé de Redenção gegenüber. Als ein Angriff der Gastgeber in Strafraumnähe gestoppt wird, entscheidet Schiedsrichter Francisco Chaves auf Foul. Nach dem Freistoßpfiff kommt es nach Augenzeugenberichten zu unfassbaren Szenen: Boa-Fé-Spieler José Ramos da Silva geht wutentbrannt auf den Unparteiischen los, pöbelt, es folgen Schläge und Tritte. Plötzlich zieht Schiedsrichter Chaves ein Messer, er sticht auf da Silva ein, immer wieder. Als dessen Bruder Francisco dazwischengehen will, trifft die Klinge auch ihn. Sekunden später liegen die beiden Männer blutüberströmt auf dem Boden, Francisco Chaves ergreift die Flucht.

Für José Ramos da Silva kommt jede Hilfe zu spät, der 35-Jährige stirbt noch auf dem Fußballplatz. Sein Bruder ist schwer verletzt, im Krankenhaus gelingt es den Ärzten, sein Leben zu retten. Gegen den 26-Jährigen Schiedsrichter ermittelt die Polizei wegen Mordes. Und es ging nur um einen Freistoß in einem Fußballspiel.

VON ALLEN GUTEN GEISTERN VERLASSEN

Der 11. Oktober 1997 ist in die Geschichte als jener Tag eingegangen, an dem Gott erstmals unter Zeugen in das Geschehen eines Fußballspiels eingriff. Dass er sich als Tatort das heilige Rom aussuchte, ist einleuchtend, doch verwundert es, dass er sich als Komplizen nicht den polnischen Kollegen aus dem nahe gelegenen Vatikan aussuchte, sondern eine englische Geistheilerin von zweifelhaftem Ruf.

An jenem Herbstabend in Rom qualifizierten sich England und Italien mit einem beide Seiten zufriedenstellenden 0:0 für die WM 1998 in Frankreich. Um ein Haar hätten die Gäste sogar das Spiel gewonnen, wenn nicht ihr Stürmer Ian Wright kurz vor Schluss freistehend nur den Pfosten getroffen hätte. Doch was den Augenzeugen als simples Pech der Engländer erschienen war, entpuppte sich später als eine auf höchster Ebene ausgehandelte Absprache.

Die engste Vertraute des englischen Trainers Glenn Hoddle, die Geistheilerin Eileen Drewery, plauderte nach dem Spiel aus, dass sie im entscheidenden Moment die Geschicke der Mannschaft in die Hand genommen hatte. Aus Sorge, Wrights möglicher Siegtreffer könnte das italienische Publikum zu Ausschreitungen provozieren, setzte sie sich in Sekundenschnelle mit Gott persönlich in Verbindung und überzeugte den Allmächtigen davon, es sei besser, den Schuss zum Pfosten abzulenken. Gott tat ihr den Gefallen und setzte dann rasch noch einen drauf, indem er auch den italienischen Konter durch Christian Vieri am englischen Tor vorbeilenkte – ohne Eileen Drewery vorher um Rat gefragt zu haben.

Dass ihr Schützling Hoddle kurz nach der WM vom englischen Fußball-Verband entlassen wurde, ging dann allerdings über Ms. Drewerys esoterische Kräfte. Hoddle hatte sich selbst bereits durch seine ebenso bornierte wie ungeschickte öffentliche Kritik an Nationalspielern wie David Beckham, Michael Owen und Paul Gascoigne in Verruf gebracht, doch den Rest gab er sich mit einer Torheit, die seine vorherigen noch übertraf. Ohne Not warf der bekennende Christ körperbehinderten Menschen vor, sie hätten sich in ihren früheren Existenzen versündigt, deshalb sei ihre Behinderung im aktuellen Leben die gerechte Strafe für diese Sünden. Danach war der öffentliche

Aufschrei der Empörung so laut, dass weder Eileen Drewery noch Gott Hoddles Posten mehr retten konnten.

DER ERSTE WM-DOPINGSÜNDER: VERSPOTTET, VERSCHLEPPT, VERPRÜGELT

Der erste Spieler, der je bei einer Fußball-WM des Dopingmissbrauchs überführt wurde, war Haitis Abwehrspieler Ernst Jean-Joseph. Der rothaarige Farbige wurde bei den Titelkämpfen 1974 in Deutschland nach dem Spiel gegen Italien positiv getestet und danach gesperrt, verschleppt, verprügelt und zwischendurch auch noch verhöhnt. Das würdelose Verhalten des haitianischen Fußball-Verbands dagegen wurde von den WM-Organisatoren stillschweigend gebilligt.

Jean-Joseph beteuerte zwar gleich nach dem Test, er habe die Tabletten gegen sein Asthma genommen, doch mehr als Spott und Hohn erntete er damit nicht. Haitis französischer Mannschaftsarzt beispielsweise machte sich bei einer Pressekonferenz über seinen Schutzbefohlenen lustig, bezeichnete Jean-Josephs Begründung als blanken Unsinn und setzte dann mit einer an Rücksichtslosigkeit grenzenden Offenheit hinzu: Der Spieler sei einfach nicht intelligent genug zu begreifen, was er da tue.

Zwei Tage lang hing Jean-Joseph wie ein Häufchen Elend herum, dann wurde er tränenüberströmt von ein paar haitianischen Funktionären aus dem Mannschaftsquartier im Berliner Grunewald geschleppt, verprügelt, in einem Hotelzimmer eingeschlossen und dann mit der nächsten Maschine in die Heimat zurücktransportiert. Was ihm dort – zu Zeiten der Duvalier-Diktatur – widerfuhr, ist nicht bekannt. Immerhin gelang es ihm später, seine Laufbahn als Fußballprofi in Chicago fortzusetzen.

STAN THE MAN: DER GANG VOR DIE HUNDE

Der sportliche Abstieg des Mittelstürmers Stan Collymore («Stan the Man») vom englischen Nationalspieler zum Fußball-Tagelöhner bei Real Oviedo mag unaufhaltsam gewesen sein, doch noch steiler bergab verlief seine Karrierekurve im zwischenmenschlichen Bereich. Der Mann, der sich mit 19 Jahren daran gemacht hatte, die Frauenwelt zu erobern, weil er – nach eigener Einschätzung – «ein Frauentyp der internationalen Klasse» war, ging in seinen 30ern buchstäblich vor die Hunde.

Nachdem mehrere seiner Freundinnen sich öffentlich weniger über seine Potenz als über seine Gewalttätigkeit beklagt hatten, ruinierte Collymore seinen Ruf 1998 bei der WM in Frankreich. In der Pariser Bar «The Auld Alliance Pub», die vorwiegend von schottischen Touristen besucht wird, verprügelte er vor 500 Gästen seine Freundin, die englisch-schwedische TV-Moderatorin Ulrika Jonsson, und konnte nur mit Gewalt davon abgehalten werden, ihr mit den Füßen den Rest zu geben.

Später entschuldigte er sich bei aller Welt in einem selbstzerfleischenden Statement und formulierte darin seine Hoffnung, er könne «diese Schweinerei in Würde und Anstand mit jener Person wieder in Ordnung bringen, die am wichtigsten in meinem Leben ist – mit Ulrika». Die offizielle Verlautbarung des grün und blau geschlagenen Opfers war sachlicher: «Ich versichere, dass meine Beziehung zu Stan Collymore hiermit beendet ist.» Später machte Ulrika Jonsson Schlagzeilen durch ihr Verhältnis mit dem englischen Nationaltrainer Sven-Göran Eriksson, Collymores Spirale aber drehte sich immer schneller abwärts.

Zwar schien es, als könne er bei der BBC als Radio-Kommentator eine zweite Karriere beginnen, doch der endgültige Knockout erfolgte am Abend des 29. Februar 2004. Auf einem unbeleuchteten Parkplatz in der Nähe von Birmingham ging er einem als Swinger getarnten Reporter-Pärchen der Boulevardzeitung *The Sun* in die Falle, das ihn zum «Dogging» einlud, einer wüsten Sexmischung aus öffentlichem Partnertausch, Exhibitionismus und Voyeurismus. «Stan the Man» ging auf das Angebot ein, fand tags darauf seine erotischen Neigungen in der Zeitung ausgebreitet und hatte nun endgültig jeden Kredit verspielt.

Zum Schaden kam auch noch der Spott hinzu. Als Collymore während seiner Zeit als Stürmer für Aston Villa immer häufiger wegen Stress und Depressionen beim Training fehlte, verspürte Villas Manager John Gregory keinerlei Mitgefühl: «Es fällt mir schwer zu verstehen, wie jemand in Stans Situation, mit dem Talent und dem Geld, das er hat, unter Stress leiden kann. Ich frage mich dann immer, wie ein 29-Jähriger beim Viertligisten Rochdale, dessen schlecht bezahlter Vertrag in drei Monaten ausläuft und der Frau und drei Kinder zu versorgen hat, mit dem Stress fertig werden soll. Und ich frage mich auch, was so ein Mann denkt, wenn er von Stan Collymores Stress hört.»

⚽ ⚽ ⚽

EIN AUSGEZEICHNETER FEHLER

Ich wollte einen Querpass abfangen», sagt Helmut Winklhofer über die Szene, die am 10. August 1985 das Bundesliga-Spiel zwischen Bayer Uerdingen und Bayern München entschied. Sein Versuch ging gehörig daneben und in die Liga-Geschichte ein. Der Defensivspezialist, gerade erst aus Leverkusen zu den Bayern gewechselt, hatte am ersten Spieltag der Saison irgendwie noch Orientierungsschwierigkeiten im neuen Team. Denn statt den Ball nach rechts, links, nach vorne oder wenigstens nach oben zu spielen, lenkte er ihn in die denkbar ungünstigste Richtung, nämlich aufs eigene Tor. Weil Winklhofer das mit beträchtlicher Wucht tat («Ich habe ihn mit dem Vollspann erwischt»), wurde sein 30-Meter-Schuss aus der 34. Minute auf der Anzeigentafel als 1:0 für Uerdingen vermerkt. Das war auch der Endstand. Doch für den Neu-Bayern war das Kapitel nicht beendet. Ob nun aus Häme oder doch aus Begeisterung über Winklhofers Schusstechnik – die Zuschauer der Sportschau wählten ihn zum Torschützen des Monats.

FAN-VERSE

«Wir kommen aus der Grube
wir kommen aus dem Schacht
wir heißen Wismut Aue
und sind 'ne Fußballmacht»

(… gehört bei einem Spiel von Wismut Aue, heute Erzgebirge Aue)

MORDDROHUNGEN: LETZTER PFIFF FÜR ANDERS FRISK

In der englischen Premier League verabschieden die Zuschauer den Gegner nicht selten mit Beifall aus dem Stadion, selbst nach verlorenen Spielen der eigenen Mannschaft. Ein anderes Gesicht zeigten einige Fans des FC Chelsea im Frühjahr 2005. Auch deshalb, weil sie vom Trainer ihres Teams eine Steilvorlage erhielten. José Mourinho lieferte sie ihnen, und der schwedische Schiedsrichter Anders Frisk musste darunter leiden. Er erhielt Morddrohungen und verkündete am 12. März 2005 sein Karriereende.

Beim 2:1-Sieg des FC Barcelona gegen Chelsea im Achtelfinal-Hinspiel der Champions League am 23. Februar 2005 hatte Frisk den Gästestürmer Didier Drogba mit Gelb/Rot des Feldes verwiesen. Eine umstrittene Entscheidung. Unumstritten schäbig und folgenreicher war das, was sich Mourinho nach dem Spiel leistete. Er kritisierte den WM-Schiedsrichter Frisk nicht nur hart, sondern warf ihm grundlos vor, er habe den Barcelona-Coach Frank Rijkaard während der Halbzeitpause in der Kabine empfangen.

Was folgte, war Terror. «Ich habe meine Tochter aus Angst den Briefkasten nicht mehr öffnen lassen», schilderte Frisk das Ausmaß der Bedrohung, die er in den Tagen darauf zudem per E-Mail und Telefon erfahren habe. «Es ist mit jedem Tag weiter eskaliert und immer schlimmer geworden.» Auch das Weiterkommen Chelseas nach dem 4:2-Sieg im Rückspiel habe die Anfeindungen nicht weniger werden lassen. «Es waren die 16 schlimmsten Tage meiner Karriere.»

18 Jahre lang hatte der große Blonde mit dem gebräunten Teint international gepfiffen, auch bei Welt- und Europameisterschaften. Jetzt war er konsequent und zeigte: Schiedsrichter sind kein Freiwild – auch dann nicht, wenn sie falsch liegen. Sein Wunsch: «Ich hoffe, dass die Leute damit aufhören, wenn sie wissen, dass ich nicht mehr pfeife.» Einer der besten Schiedsrichter hatte aufgehört – und besonders weh taten ihm noch immer die Vorwürfe von Mourinho: «Ich bin doch so erfahren. Alle müssten eigentlich wissen, dass ich während eines Spiels niemals einen Trainer in meine Kabine lasse.»

José Mourinho hatte verantwortungslos gehandelt. Er hatte den Hass der Fans mit seinen unbegründeten Vorwürfen angeheizt. Eine Mitschuld einzuräumen, käme ihm nie in den Sinn. Und was kann das einen Mann schon kratzen, der nur kurz nach seinem Amtsantritt öffentlich von sich behauptete: «Chelsea hat ein Topteam, und entschuldigen Sie, wenn das arrogant klingt: Chelsea hat jetzt vor allem einen Toptrainer. Ich bin nicht arrogant, sondern ein Topmanager. Ein ganz besonderer.»

Frisk wurde später mit dem FIFA Presidential Award ausgezeichnet. Ein schwacher Trost, schließlich hätte er seine herausragende Karriere noch drei Jahre lang fortsetzen können. Mourinho hingegen ist längst einer der bestbezahlten Trainer der Welt, er wird gelobt und wegen seiner Erfolge von vielen hoch geschätzt. Und doch ist er letztlich nur einer derjenigen Menschen, denen zum Erreichen des Zwecks jedes Mittel recht zu sein scheint – sei es noch so schäbig. Der Fall Frisk hat das deutlich gemacht. Vielleicht passt Mourinho aber gerade deshalb so perfekt in die Welt des Profifußballs.

DER SUFF DER ERSTEN STUNDE

Am 28. Januar 1900 trafen sich Vertreter von 75 Vereinen in der Leipziger Gaststätte «Mariengarten», um den Deutschen Fußball-Bund zu gründen. Nachdem das Sportliche abgehandelt war, machten sich die Teilnehmer an den frühen Beweis der These, dass Funktionärsversammlung nur ein anderes Wort für ein Fress- und Saufgelage ist.

Sie ließen den Wirt reichlich auftischen: Serviert wurden Sauerampfersuppe (dazu passt ein Grauburgunder), Russischer Stör in Gemüsesulz (Champagner oder trockener Weißwein unterstreichen den Geschmack), Rehbock garniert auf reiche Art (zum Wild wird kräftiger Rotwein gereicht) und Leipziger Allerlei (wahlweise Wein oder frisch gezapftes Bier). Angesichts dieses Menüs dürfte auch noch das eine oder andere Verdauungsschnäpschen geflossen sein.

Einzelheiten verschweigt das Protokoll zwar, doch lässt der abschließende diskrete Hinweis des Chronisten keine Fragen offen: «Großer Kommers, auf dem es recht froh und heiter zuging.» Trockene Kehlen behaupten, dass sich die DFB-Spitze dieser Tradition noch heute verpflichtet fühlt.

⚽ ⚽ ⚽

DIE HITLISTE DER FÄHIGSTEN FUSSBALL-FUNKTIONÄRE

1. ...., ...
2. ...., ...
3. ...., ...
4. ...., ...
5. ...., ...
6. ...., ...
7. ...., ...
8. ...., ...
9. ...., ...
10. ...., ...
11. ...., ...

Diese Liste gilt für den Bereich des Deutschen Fußball-Bundes, kann aber mühelos in alle anderen Kultursprachen übersetzt werden.

⚽ ⚽ ⚽

ZEITSCHINDEN – EINE NORWEGISCHE DELIKATESSE

Als unsympathischste taktische Methode, ein vorteilhaftes Ergebnis über die Runden zu bringen, gilt das Zeitschinden.

Dass vor allem südeuropäische Mannschaften diese fragwürdige Kunst meisterlich beherrschen, gilt hierzulande als Binsenweisheit. Deshalb wird es manchen Leser überraschen, dass den einsamen Weltrekord in dieser Disziplin ein Skandinavier hält. Zu einer Zeit, da Norwegen noch als Fußball-Entwicklungsland galt und bestenfalls ein Länderspiel pro Jahr – immer das gegen Island – gewann, handelte sich sein Torwart Per Haftorsen die bis heute früheste Gelbe Karte für Spielverzögerung ein – nach exakt fünf Minuten.

Im November 1972 musste Norwegen zum WM-Qualifikationsspiel in Rotterdam gegen den späteren Vize-Weltmeister Niederlande antreten. Wohl wissend um die Torgefährlichkeit Johan Cruyffs und seiner Nebenleute, suchte Haftorsen sein Heil von Beginn an in zeitraubenden Abschlägen und ähnlichen Kinkerlitzchen. Fünf lange Minuten hielten die Norweger das 0:0, bis die Geduld des Schiedsrichters zu Ende war. Vor die Wahl gestellt, bei ihrer Taktik zu bleiben und dadurch womöglich ihren bereits verwarnten Torwart durch Rot zu verlieren, entschieden sich die Gäste fürs Fußballspielen – und gingen mit 0:9 unter.

DER DOPPELTE STANLEY

Das Cup-Final 1953, in dem Blackpool die Bolton Wanderers mit 4:3 besiegte, ist in die englische Fußballgeschichte als das «Matthews-Final» eingegangen. Zwanzig Minuten vor Schluss führte Bolton bereits mit 3:1, ehe Blackpools 38-jähriger Rechtsaußen Stanley Matthews die Ärmel hochkrempelte und die gegnerische Abwehr derart durcheinanderwirbelte, dass seine Elf schließlich doch noch als Pokalsieger das Wembleystadion verließ.

Der eigentliche Held des Tages allerdings war ein anderer Stanley – Blackpools National-Mittelstürmer Stan Mortensen, ohne dessen Hattrick Matthews mit leeren Händen dagestanden wäre (er war nie Englischer Meister geworden und hatte vorher auch noch nie den Pokal gewonnen). Entsprechend verärgert reagierte Mortensen denn auch, wenn er immer wieder hören musste, er habe im «Matthews-Final» mitgespielt. «Wenn ich eines Tages sterbe», spottete er grimmig, «werden sie mir vermutlich eine Matthews-Beerdigung gönnen.»

DAS «VERGESSENE» LÄNDERSPIEL

In der Länderspiel-Statistik des DFB sucht man vergeblich nach der Partie, zu der die deutsche Nationalmannschaft am 3. April 1938 im Wiener Prater-Stadion antrat. Vielleicht hat der Verband dieses winzige Kapitel in der bekanntlich fast tausendjährigen Geschichte des «Dritten Reichs» und seines Fußballs einfach übersehen. Möglicherweise hat sich der DFB aber auch einfach der Lesart der Nazis angeschlossen. Für die konnte die Begegnung in Wien drei Wochen nach dem «Anschluss» Österreichs natürlich kein richtiges Länderspiel sein, sondern nur ein Großdeutsches Duell zwischen dem «Reich» und der «Ostmark».

In Österreich erinnert man sich hingegen gut und gern an den letzten Auftritt der Mannschaft, die sich in den Jahren zuvor den Ruf eines «Wunderteams» erworben hatte und auch an diesem Tag im April gegen die Deutschen, pardon, die Brüder aus dem Reich, klar überlegen war. Trotz bester Gelegenheiten fielen aber zunächst keine Tore. Später wurde spekuliert, die Österreicher hätten die Chancen mit Absicht vergeben, um die neuen Machthaber auf der Tribüne auf besonders perfide Weise zu demütigen.

In der zweiten Halbzeit gelang ihnen das auf herkömmliche Art: Die Elf um ihren Kapitän Matthias Sindelar nutzte jetzt ihre Chancen und gewann mit 2:0.

Das «Wunderteam» spielte nie wieder. Einige «Ostmärker» wurden zur Fußball-WM 1938 in die neue deutsche Reichs-Auswahl berufen. Doch die Elf von Trainer Sepp Herberger wuchs nicht zur Mannschaft zusammen. Sie schied beim Turnier in Frankreich in der ersten Runde aus.

TRANSFER-REKORD: GANZ LONDON FÜR EINEN MITTELSTÜRMER

Das inflationärste Transferangebot des europäischen Fußballs verdanken wir nicht einem größenwahnsinnigen spanischen oder italienischen Vereinspräsidenten, sondern einem als pragmatisch geltenden Engländer – und das zu einer Zeit, als weder das Fernsehen noch der Goldesel Übertragungsrechte erfunden waren. Noch erstaunlicher: Den umworbenen Spieler reizte nicht die «sportliche Herausforderung», mit der die heutigen Stars ihre Geldgier schönzureden pflegen, stattdessen lehnte er mit einem Argument ab, das ihm die Verachtung von Ballack, Ferdinand, Ronaldo & Co. zugezogen hätte.

1928 hatte Arsenals Herbert Chapman, der beste Vereinsmanager der englischen Fußballgeschichte, versucht, Mittelstürmer Jimmy McGrory von Celtic Glasgow nach London zu locken. Sein Angebot: für die damalige Zeit kaum fassbare 10 000 Pfund. Was McGrory aber noch mehr gereizt hätte: «Chapman versprach mir, ganz London für mich neu anstreichen zu lassen.» Man stelle sich die Summe vor, die Arsenal für die Handwerker und die Farbe hätte hinblättern müssen. McGrory wollte dennoch nicht: «‹McGrory von Arsenal› hätte nie so gut geklungen wie ‹McGrory von Celtic›».

NEBEL DES GRAUENS: LOSE NACH MITTERNACHT

Wie viel dem Deutschen Fußball-Bund sein eigener Pokalwettbewerb wert ist, zeigt sich regelmäßig dann, wenn die älteren Herren aus alter Verbundenheit eine Auslosung ans gar nicht aktuelle Sportstudio des ZDF vergeben. Die Antwort ist: anscheinend sehr wenig. Leidtragende sind die Fußballfans.

Dass Thomas Gottschalk seine Sendung *Wetten, dass …?* gnadenlos überzieht und den Fußball im ZDF ins Nachtprogramm verbannt, ist Routine. Am 29. Oktober 2005 aber übertrieb es der Sender. Carmen Nebel war an diesem Abend mit ihrer Volksmusik-Show nicht zu bremsen. Alles Flehen und Bitten der Fußball-Interessierten half nicht. Und da die Macher des «aktuellen» Sportstudios die Zuschauer am Gerät halten wollten, fand die Auslosung des Achtelfinals erst gegen Ende der Sendung um 0.19 Uhr statt.

Hermann Selbherr störte es nicht. Der Vorsitzende des DFB-Spielausschusses überwachte die Auslosung so gelassen, wie er es seit 1992 tat. Er war damals Anfang siebzig und korrekt wie immer. 2007 beendete Selbherr, Jahrgang 1934, seine Karriere beim DFB. Seitdem schläft er vermutlich besser ein, jedenfalls aber ein bisschen früher. Spätestens bei Carmen Nebel …

ABSCHIED VON GEORGE BEST: MIT BESTEN GRÜSSEN VON DER BRAUEREI

Als George Best am 25. November 2005 nach langem vergeblichem Kampf gegen den Alkoholismus starb, bereiteten die britische und die irische Insel dem größten Sohn ihres Fußballs einen ergreifenden und würdigen Abschied. In allen Stadien der Premier League erhoben sich die Zuschauer von ihren Plätzen und feierten ihn nicht mit Schweigeminuten, sondern lautstark mit Standing Ovations, Männer weinten. Nur in Liverpools Goodison Park, dem Stadion des FC Everton, gab es eine peinliche Abweichung. Zwar wurde Best auch vor dem Spiel Evertons gegen Newcastle beweint und bejubelt, zwar erschien auch hier sein Foto mit den Lebensdaten auf einem riesigen Videoschirm. Nur: Unter dem Schirm prangte in ebenso riesigen Lettern zu Werbezwecken der Name von Evertons Hauptsponsor: CHANG BRAUEREI. Prost, Georgie …

THE GREATEST

Maradona – GOOD
Pelé – BETTER
George – BEST

(Transparent bei der Beerdigung von George Best in Belfast Ende November 2005.)

⚽ ⚽ ⚽

EIN GESCHÄFT UNTER NACHBARN

Argentinien brauchte einen Sieg an diesem Juni-Abend 1978, einen hohen Sieg. Konkurrent Brasilien hatte sein letztes

Spiel der Weltmeisterschafts-Finalrunde mit 3:1 gegen Polen gewonnen und führte die Gruppe B mit 5:1 Punkten und 6:1 Toren an. Die Argentinier mussten nun mit mindestens vier Toren Unterschied gegen Peru gewinnen, um doch noch das WM-Finale zu erreichen. Eine schwere Aufgabe, aber immerhin wusste man beim Gastgeber, woran man war – und konnte das Notwendige veranlassen.

Dass die beiden entscheidenden Gruppenspiele nicht parallel ausgetragen wurden, war eine der Merkwürdigkeiten, die nach dem Turnier für reichlich Spekulationsstoff sorgten. Der Militärjunta, die in Argentinien herrschte, wurden ohnehin gute Verbindungen in hohe FIFA-Kreise nachgesagt. Für die Machthaber in Buenos Aires sei es daher ein Leichtes gewesen, dafür zu sorgen, dass ihre Mannschaft erst antritt, wenn sie das Ergebnis des Rivalen Brasilien kennt. Bewiesen werden konnte der Vorwurf nie.

Gleiches gilt für das Gerücht, die Argentinier hätten vor dem Spiel intensive Gespräche geführt, um die Peruaner davon zu überzeugen, dass es Wichtigeres gibt, als in einem für sie sportlich unbedeutenden Fußballspiel gut auszusehen. Lebensmittelhilfen seien dem armen Nachbarland ebenso in Aussicht gestellt worden wie ein Millionenkredit zu bemerkenswert günstigen Konditionen. Auch den peruanischen Spielern sei versichert worden, sie müssten nicht mit leeren Taschen heimreisen, wenn Argentinien einen Grund zum Feiern hat. Wie gesagt, alles Spekulation. Sicher ist allein, dass Argentinien an diesem Juni-Abend bekam, was es wollte – einen hohen Sieg (6:0) und die Finalteilnahme. Wenige Tage später war das Land erstmals Fußballweltmeister.

ORAKEL UND DEBAKEL

«Ich glaube, dass die deutsche Mannschaft über viele Jahre nicht zu schlagen sein wird. Das tut mir leid für die internationalen Gegner.»

(DFB-Teamchef Franz Beckenbauer nach dem mit 1:0 gewonnenen WM-Finale gegen Argentinien am 8. Juli 1990. Die folgende WM-Bilanz begründete seine Euphorie nicht: Viertelfinal-Aus 1994 (1:2 gegen Bulgarien) und 1998 (0:3 gegen Kroatien), Endspielniederlage 2002 (0:2 gegen Brasilien), Halbfinalniederlage 2006 (0:2 gegen Italien) und 2010 (0:1 gegen Spanien)

EIN BIEDERMANN ALS BRANDSTIFTER

Mit dem scheinheiligsten Betrugsversuch ist der kroatische Abwehrspieler Slaven Bilić in die Annalen der Fußballweltmeisterschaften eingegangen. Im Halbfinale der WM 1998 in Paris führte Frankreich eine Viertelstunde vor Schluss mit 2:1 gegen die Kroaten, da glaubte Bilić doch noch ein Hintertürchen zum Finale gefunden zu haben. Er provozierte Frankreichs Kapitän Laurent Blanc, der mit einer jähen Handbewegung andeutete, dass er dem Kroaten am liebsten an die Gurgel gehen würde. Bilić, eine Tätlichkeit Blancs simulierend, stürzte wie ein Sack Blei zu Boden. Der Schiedsrichter entschied auf Tätlichkeit, Blanc flog vom Platz und war für das Endspiel gegen Brasilien, das wichtigste Spiel seiner Laufbahn, gesperrt.

Nach dem Spiel goss Bilić zusätzliches Öl ins Feuer, als er mit einem komplizenhaften Grinsen Blanc die Hand reichen wollte, um ihn über die Sperre für das Endspiel hinwegzutrösten. In dieser Sekunde war er nahe daran, doch noch einen Faustschlag einzustecken, denn der verbitterte Blanc war nicht bereit, Bilić die

Schauspielerei zu verzeihen. Später behauptete Bilić allen Ernstes, er sei zusammengebrochen, weil er von Blanc am Hals getroffen worden sei: «Ich wollte nicht, dass er vom Platz flog und das Endspiel verpasst. Aber das ist schließlich sein Problem und nicht meines.» Dennoch gewannen die zehn Franzosen das Halbfinale und wurden dann gegen Brasilien Weltmeister. Bilić aber wurde noch Wochen danach in England, wo er als Profi für West Ham und Everton spielte, vom unvoreingenommenen Publikum der Insel gellend ausgepfiffen, wann immer er in Ballnähe war.

Ganz besonderen Spaß aber hatten Englands Fans in der Qualifikation zur WM 2010. Ihre Mannschaft demütigte die stolzen Kroaten und deren Nationaltrainer Bilić, seit 2006 im Amt, mit 4:1 und 5:1. Die WM fand ohne Kroatien und Bilić statt. Nicht zuletzt Ex-Nationalspieler Christian Ziege dürfte das begrüßt haben. Bei der EM 1996 in England hatte Bilić den am Boden liegenden Deutschen brutal in die Brust getreten. Bleibt zu hoffen, dass Bilić mit dem Trikot auch seine Unfairness abgelegt hat: Immerhin ist er seit Februar 2008 als erster kroatischer Sportler UNICEF-Botschafter.

TRAINERGIPFEL AM ZUCKERHUT

Das Jahr 2005 brachte dem brasilianischen Fußball eine Serie von Skandalen. Es gab schwere Ausschreitungen in den Stadien, Spiele wurden verschoben und mutmaßliches Mafiageld sorgte für ungewöhnliche Transferaktivitäten. Neben den Fans, denen einzig ihre Religiosität half, den Glauben an das Gute im Fußball nicht vollends zu verlieren, hatten vor allem die Trainer zu leiden. Die 22 Klubs, die um die brasilianische Meisterschaft spielten, brachten es auf sagenhafte 42 Trainerentlassungen – im

Schnitt erwischte es an jedem Spieltag einen Übungsleiter. Angesichts dieses Verschleißes wundert es nicht, dass sich nach besagter Saison im Land des Rekordweltmeisters sogar eine Trainerbank für Lothar Matthäus fand. Er unterschrieb bei Clube Paranaense, doch schon nach einem Monat war auch für ihn das Abenteuer vorbei.

⚽ ⚽ ⚽

PAUL BREITNER: SCHECKBUCH STATT MAO-BIBEL

Durch geschickte Selbstvermarktung (Mao-Bibel in der Hand, wilde Mähne auf dem Kopf) ist es Paul Breitner gelungen, als der Rebell par excellence in die deutsche Fußballgeschichte einzugehen. Was wirklich hinter dieser revolutionären Fassade steckte, verriet bereits 1977 einer seiner damaligen Mannschaftskameraden bei Bayern München. Im Gespräch mit einem Redakteur von *Medizin heute* korrigierte Jupp Kapellmann Breitners Image: «Der Paul ein Revoluzzer? Dass ich nicht lache. Das Einzige, worum es dem Paul geht, ist Kohle, nichts als Kohle.»

⚽ ⚽ ⚽

TRUNKSUCHT UND GEIZ

Auch ein schlechter Ruf verpflichtet, sagten sich jene schottischen Fußballfans, die sich hordenweise im Mai 1967 auf den Weg nach Lissabon machten, um dort Celtic Glasgow im Europacup-Finale gegen Inter Mailand zu unterstützen. Dem schlechten Ruf Schottlands – sprichwörtlicher Geiz und Trunksucht – wurden sie gleich in doppelter Hinsicht gerecht: Nach Celtics epochemachendem 2:1-Sieg gegen die italienischen Maurermeister frönten sie ihrer Liebe zum Whisky buchstäblich bis zum Umfallen. Und weil sie vorher sparsam genug gewesen waren, auf eine Hotelbuchung zu verzichten, machten sie sich, soweit es ihnen noch möglich war, auf den Weg zur britischen Botschaft, um dort ein Nachtasyl einzufordern. Später erzählte ein Angestellter der Botschaft: «Eine Woche lang ging es bei uns zu wie in einem Spukschloss: Egal, welchen Schrank wir auch öffneten, schon fiel uns wieder ein betrunkener Schotte entgegen.»

HÖLZENBEINS SCHWALBE FLIEGT NOCH IMMER

Auch mehr als drei Jahrzehnte nach seiner «Schwalbe» im WM-Endspiel 1974, die zu Breitners Elfmetertor führte, wurde Bernd Hölzenbein noch von dem Drang geplagt, sich rechtfertigen zu müssen. Bei einer PR-Veranstaltung im Frühjahr 2005 auf dem Hamburger Rathausmarkt langweilte er das Publikum als Erstes mit der Behauptung, dass ihm just auf dem Flug nach Hamburg der ultimative Beweis für seine Unschuld eingefallen sei. Es folgte eine spitzfindige Darstellung seines Duells von damals mit dem Holländer Jansen, die die Zuhörer mit höflichem Beifall belohnten – und ganz schnell wieder vergaßen. Hölzenbeins Schwalbe wird in der Erinnerung der Augenzeugen noch weiter durch die Strafräume segeln – so wie das 3:3 von Puskas im WM-Finale 1954, das der englische Schiedsrichter Ling zu Unrecht wegen Abseits nicht anerkannte.

MANIPULATION IN RUSSLAND: EIN HUNDERTPROZENTIGES JEIN

Glaube nur keiner, mit dem Untergang der Sowjetunion sei in Russland auch die Zeit der eindeutigen Abstimmungsmehrheiten zu Ende gegangen. Noch Mitte der neunziger Jahre beantworteten alle 18 Trainer der höchsten russischen Spielklasse die Frage «Gibt es manipulierte Spielausgänge in unserer Liga?» mit einem uneingeschränkten «Ja». Und ebenso hundertprozentig war das Resultat bei der zweiten Frage: «Hat Ihre Mannschaft je an solchen Spielen teilgenommen?» Allein schon der Gedanke schien den Trainern so unvorstellbar, dass sie ausnahmslos mit einem entrüsteten «Nein» antworteten. Was waren doch Chruschtschow und Breschnew für Stümper gewesen, dass sie sich mit Mehrheiten von läppischen 99,5 Prozent hatten zufriedengeben müssen.

ALS MONTEZUMA DIE BANK VON ENGLAND KNACKTE

Englisches Bier wird mancherorts als lauwarmes und lasches Getränk abgetan, im Land des Weltmeisters von 1966 denken aber nicht wenige, dass es vier Jahre später beim Turnier in Mexiko mit der Titelverteidigung geklappt hätte, hätten die Spieler ihren legendären Durst wie gewohnt mit British Ale oder Bitter gestillt.

Nachdem sich die Engländer für das Viertelfinale gegen Deutschland qualifiziert hatten, zog eine trinkfreudige Auswahl des amtierenden Champions los, um sich in einem mexikanischen Lokal auf das Wiedersehen mit dem Endspielgegner von 1966 einzustimmen. Mit von der Partie war Torwart Gordon

Banks, der seinen Ruf, so sicher wie die Bank von England zu sein, durch eine überragende Vorrunde bestätigt hatte.

Banks, so berichten Zeitzeugen, stand der Sinn an jenem Abend nicht nach einem handwarmen Bier, sondern nach einem kalten Drink. Welches Getränk er sich schmecken ließ, ist nicht zweifelsfrei überliefert, einig sind sich die Chronisten aber darin, dass Eiswürfel im Glas schwammen. Und damit nahm das Unheil seinen Lauf: Im Eiswasser waren Keime, der englische Torwart hatte sich «Montezumas Rache», die gefürchtete Magen-Darm-Erkrankung, eingefangen.

Weil sich Banks nicht mehr rechtzeitig erholte, stand drei Tage später in León im Spiel gegen Deutschland Ersatzmann Peter Bonetti im Tor. Wohlwollende Kommentatoren beschrieben seine Leistung beim 2:3 der Engländer als durchwachsen, andere behaupteten, dass Gordon Banks zumindest zwei der deutschen Treffer sogar vom Toilettensitz aus gehalten hätte. So aber stand Deutschland im Halbfinale, und Banks soll seinen Kummer in handwarmem Ale ertränkt haben.

«WIE DIE TIERE»

Liverpools Ex-Manager Rafael Benítez gilt als ein bescheidener und zurückhaltender Mann, als ein Meister der leisen Töne. Doch das scheint nicht die ganze Wahrheit zu sein. Während seiner Zeit beim FC Valencia, den er immerhin zweimal zur spanischen Meisterschaft führte, entwickelte er eine tiefe Feindschaft zu dem für Spielerverpflichtungen zuständigen Sportdirektor Jesus García Pitarch. Ein Augenzeuge beschreibt den Umgangston zwischen den beiden Rivalen so: «Es war, als hätte man einen Pitbull und einen ausgehungerten Wolf in einen ein Quadratmeter großen Käfig gesperrt.» Offensichtlich knurrte der Pitbull Benítez in der Halbzeitpause des Champions-League-Finales 2005 besonders furchteinflößend, denn danach machte Liverpool innerhalb von sechs Minuten den 0:3-Rückstand gegen den AC Mailand wett und gewann schließlich durch Elfmeterschießen.

⚽ ⚽ ⚽

STERNLOSER OSTEN

Ein überschaubares Geschichtsbewusstsein demonstrierte die Deutsche Fußball-Liga, als sie zur Saison 2004/05 die Meistersterne einführte. Mehr als 100 Jahre nach der ersten Endrunde um die Deutsche Meisterschaft und immerhin eineinhalb Jahrzehnte nach der Wiedervereinigung gingen alle Vereine leer aus, die ihre Titel vor 1963 (West) beziehungsweise 1992 (Ost) gewonnen hatten. Denn die DFL hatte beschlossen, dass einzig jene Klubs die Auszeichnung verdienten, die mindestens dreimal Bundesligameister waren. Ost-Klubs wie der zehnmalige DDR-Meister Dynamo Berlin gingen ebenso leer aus wie der 1. FC Nürnberg, der nur einen seiner neun Titel zu Bundesligazeiten gewann. Es gab heftige Proteste, die DFL blieb ungerührt.

⚽ ⚽ ⚽

SCHARFER RECHNER DIXIE DEAN

Unter Qualen schlimmster Sorte begann die Karriere von William «Dixie» Dean, Englands bestem Stürmer aller Zeiten (sein Rekord: 60 Punktspiel-Tore für Everton 1927/28). Im Debüt für seinen Heimatverein Tranmere gegen Rochdale erzielte er auf Anhieb zwei Treffer, ehe er vom gegnerischen Stopper mit unmissverständlichen Worten aufgefordert wurde, die Arbeit einzustellen. Dean stürmte unerschrocken weiter, bis er einen mörderischen Schmerz verspürte und zusammenbrach: Der Stopper hatte ihm mit voller Kraft in die Genitalien getreten. Um seine Schmerzen zu lindern, begann ein Mannschaftskamerad die geschundenen Teile zu reiben. Deans wütende Reaktion: «Hör sofort auf mit diesem verdammten Reiben und zähl erst mal nach, ob noch alles da ist.» Den Rest seiner Feuertaufe verbrachte Dixie Dean im Krankenhaus.

PELÉ UND SEIN GESCHWÄTZ VON GESTERN

Ein Fußball-Genie wie Pelé ist schwer zu widerlegen – es sei denn, er tut es selber. Der Mann, der den Fußball zum «beautiful game» veredelte, konnte es sich erlauben, Elfmetertore als «feige» zu diffamieren – und später das 1000. Tor seiner Laufbahn mit einem Elfmeter zu erzielen. Statt einen Mitspieler den Strafstoß treten zu lassen, nahm er mit der Souveränität des Genies – was kann ich für mein Geschwätz von gestern – den Ruf eines «Feiglings» in Kauf, sein persönliches Tore-Millennium war alles, was in diesem Moment zählte.

DER SCHÖNE HANS ALS DRACULA

Vergessen Sie das umstrittene «Wembleytor», wenn Sie nach der Ursache für Deutschlands Niederlage im WM-Endspiel 1966 suchen. Schwerer belastet die Waage, die sich schließlich zugunsten Englands neigte, die Leistung von Torwart Hans

Tilkowski. Er war nicht nur mitschuldig am ersten englischen Tor, als er auf der Linie klebte, sondern er verunsicherte vor allem die eigene Abwehr mit seiner schließlich spielentscheidenden Abneigung gegen hohe Flanken in den Strafraum. Besonders geschmerzt haben muss den stets auf sein gutes Aussehen bedachten Tilkowski, dass er hinterher von der englischen Presse als «Dracula» verspottet wurde: Er habe stets in der Angst vor hohen Bällen gelebt – vor «Crosses», was im Englischen auch «Kreuze» bedeutet.

⚽ ⚽ ⚽

ALLES LUG UND TRUG – GLADBACHS 7:1 GEGEN INTER MAILAND

Die sechziger und frühen siebziger Jahre des vergangenen Jahrhunderts sind in die Geschichte des Europacups der Landesmeister als die «Jahre der vergoldeten Absprachen» eingegangen. Besonders der italienische Fußball – und da vor allem die beiden großen Mailänder Klubs und Juventus Turin – sah sich immer wieder mit Betrugsvorwürfen konfrontiert, von denen einige bis heute nicht bewiesen sind. Aufgedeckt ist immerhin der hinterhältigste Betrug, dem ein deutscher Verein zum Opfer fiel: jene Schmierenkomödie des 20. Oktober 1971, mit deren Hilfe die Borussia aus Mönchengladbach um die Früchte ihres 7:1 gegen Inter Mailand gebracht wurde.

Beim Stand von 2:1, als sich die Borussen in einen Spielrausch hineinzusteigern begannen, will Inters Mittelstürmer Roberto Boninsegna von einer vollen Cola-Dose so schwer am Hinterkopf getroffen worden sein, dass er, eine Ohnmacht vortäuschend, sich zu Boden fallen ließ und in die Kabine getragen wurde. Vorsichtshalber verriegelten die Mailänder die Kabinentür hinter

Boninsegna, damit kein Arzt die Wunde untersuchen konnte, dann kassierten sie seelenruhig eine der blamabelsten Niederlagen ihrer Vereinsgeschichte und kehrten gelassen nach Italien zurück. Sie hatten allen Grund zur Zuversicht.

Zwar drängte sich neutralen Beobachtern sofort der Verdacht auf, Boninsegna habe simuliert. Einer der damals besten Trainer Italiens beispielsweise, der Schwede Nils Liedholm, unkte: «Seltsam, sehr seltsam: Da verliert eine Mannschaft ausgerechnet den Mittelstürmer – und wird dann mit 1:7 geschlagen. Wirklich seltsam.» Doch der UEFA-Kommission waren derartige Zweifel fremd. Die Funktionäre strichen das 7:1 ersatzlos und setzten ein Wiederholungsspiel im neutralen Berlin an, das die Borussen mit 0:0 «verloren», nachdem ihnen Inter mit knochenbrecherischen Fouls den Schneid abgekauft hatte. Und weil sie zuvor das offizielle Rückspiel in Mailand mit 2:4 und drei Spieler (Kleff, Vogts und Bleidick) durch Verletzungen ebenfalls verloren hatten, standen die Italiener in der nächsten Runde.

Gladbachs Kapitän Günter Netzer erinnert sich in seiner Autobiographie an die merkwürdige Stimmung unmittelbar vor der Verhandlung in Zürich: «Dann saßen wir im Foyer des Hotels – und wurden kaum beachtet. Die Mailänder hingegen wurden von den UEFA-Leuten behandelt wie alte Bekannte. Und das waren sie ja auch. Inters Vizepräsident Prisco plauderte mit sichtlichem Vergnügen mit Sergio Zorzi, dem Vorsitzenden der UEFA-Kommission. Der hatte auch seinen Spaß. Wir hätten abreisen können, wir waren chancenlos.»

Späte Genugtuung erfuhren die Borussen dann nach knapp 13 Jahren. Bei einem Bankett in Hamburg kam Inters früherer Präsident Ivanoe Fraizzoli – war es der Wein, das Alter oder eine noch offene Rechnung? – ins Schwatzen und erzählte unverblümt, dass die Beweismittel im «Fall Boninsegna» gefälscht worden waren. Die Italiener hatten dem Schiedsrichter statt der harmlosen leeren Dose, von der Boninsegna tatsächlich getroffen worden war, eine volle als Tatwaffe präsentiert, die einen durchtrainierten Sportler durchaus hätte fällen können. Und um ganz sicherzugehen, schickte Inter zwei Unterhändler nach Helsinki, um das finnische Mitglied der UEFA-Kommission, das noch keine feste Meinung zu dem Vorfall hatte, mit Methoden der «vergoldeten Absprachen» liebevoll zu bearbeiten. Unmittelbar vor der Sitzung in dem Züricher Hotel wiederholten sie diese Behandlung – danach fehlten dem Finnen die Argumente, sich zugunsten der Borussia auszusprechen.

Konsequenzen hatte der Betrug nicht. Weil Inter das Finale der Saison 1971/72 gegen Ajax Amsterdam sang- und klanglos mit 0:2 verlor, musste die UEFA nicht einmal die Siegerliste im Europacup der Landesmeister ändern.

FAN-VERSE

«Karlsruuuuuh, Karlsruuuuuh, wir scheißen euch zuuuuu!»

(... gehört bei einem Auswärtsspiel des Karlsruher SC)

«KING BOBBY» – EIN FALSCHER FÜNFUNDDREISSIGER

Die ansonsten nur Königlichen Hoheiten vorbehaltene Ehre, schon zu Lebzeiten mit einer Sondermarke der britischen Post gewürdigt zu werden, widerfuhr Manchester Uniteds Bobby Charlton – aus reinem Versehen. Zur Europameisterschaft 1996 kam ein Satz mit Abbildungen früherer Nationalspieler auf den Markt: Dixie Dean, Bobby Moore, Billy Wright und Danny

Blanchflower. Nur auf der 35-Pence-Marke blickt einem ein noch lebender Spieler entgegen – ein jugendlicher Bobby Charlton mit vollem Haupthaar, den die Post mit seinem 1958 bei der Münchner Flugkatastrophe getöteten Mannschaftskameraden Duncan Edwards verwechselt hatte. Auch wenn die Ähnlichkeit mit Edwards nur eine ganz entfernte ist, gelang es der Royal Mail, Uniteds Scharfschützen zum Sammlerstück zu machen.

⚽ ⚽ ⚽

WANDERER, KOMMST DU NACH ANFIELD ...

Spieler von Gastmannschaften werden in Liverpools Stadion an der Anfield Road mit einem unheilverkündenden roten Schild konfrontiert: «This is Anfield». Zu Deutsch etwa: Lasst, die ihr eingeht, alle Hoffnung fahren, gleich bricht Dantes Inferno los. Bob Paisley, der damalige Assistent von Liverpools Gründervater Bill Shankly, erzählt, wie es zu dieser Drohung kam:

«Bevor wir das Ding aufhängten, überlegten Bill und ich: Schlechten Profis jagt es Angst ein, gute Profis stachelt es an. Dann rechneten wir nach und kamen zu dem Ergebnis: Es gibt mehr schlechte als gute Profis. Also hängten wir es auf.»

⚽ ⚽ ⚽

FRIEDENSNOBELPREIS FÜR RONALDO?

Ein Fußballer ohne Ehrgeiz ist das Pulver nicht wert, doch mitunter überschätzen manche von ihnen ihre Möglichkeiten. Als sich der Brasilianer Ronaldo, seinerzeit Stürmer bei Real Madrid, zugunsten der UNESCO engagierte, war das für ihn nur ein erster Schritt in eine zweite, glanzvollere Karriere. Anfangs noch mit dem Posten eines brasilianischen Sportministers liebäugelnd, ließ er kurz darauf die Katze aus dem Sack: Sein eigentliches Lebensziel sei der Friedensnobelpreis, nicht mehr und nicht weniger. Vom Literaturnobelpreis war bisher noch nicht die Rede.

Einen ersten unbeholfenen Versuch, die Völker miteinander zu versöhnen, hatte er schon während der WM 2002 in Fernost unternommen. Bei der Ankunft auf dem Flughafen verneigte er sich würdevoll vor seinen japanischen Bewunderern, um sie im nächsten Moment mit in die Länge gezogenen Augenwinkeln als Schlitzaugen zu verhöhnen. Zum Glück wahrten die Gastgeber ihre sprichwörtliche asiatische Höflichkeit und verzichteten darauf, sich, als Anspielung auf Ronaldos Gebiss, mit gebleckten Kaninchenzähnen zu revanchieren.

HÄSSLICH WIE DIE NACHT

Die Schönheit, heißt es, liegt im Auge des Betrachters, doch Harry Redknapp, der vom Leben gezeichnete englische Fußballtrainer, weiß genau, was er vor sich hat, wenn er in den Spiegel blickt. In einem Interview gestand er Reportern, dass er in der Nacht vor einem wichtigen Punktspiel mit seiner Frau im Ehebett über die richtige Aufstellung debattiert habe. Als die Reporter verblüfft fragten, ob er im Schlafzimmer nichts Besseres zu tun habe, als über Spieler und Taktik zu reden, antwortete er selbstkritisch: «Wenn man so aussieht wie ich, spricht man im Bett mit seiner Frau über nichts anderes als Fußball.»

MUTTERS ÄRGER MIT DEN KLEINEN

Die Auswahl San Marinos ist nicht unbedingt für fußballerische Großtaten bekannt, einen Rekord aber halten die Fußballer aus der Mini-Republik im Norden Italiens: Sie haben das schnellste Tor der Länderspielgeschichte erzielt – und wurden dafür hart bestraft.

Am 17. November 1993 traf San Marino in der WM-Qualifikation auf England. Die Gastgeber hatten sich in den Spielen zuvor achtbar geschlagen, gegen die Türkei holten sie beim 0:0 sogar einen Punkt, und in Polen unterlagen sie erst nach großem Kampf mit 0:1. Was fehlte, war ein Tor gegen die ganz Großen – ausgerechnet gegen das Mutterland des Fußballs ging dieser Wunsch in Erfüllung und zwar blitzschnell. Der Anstoß war kaum ausgeführt, da stand San Marino bereits Kopf – David Gualteri hatte zum 1:0 getroffen.

Das Tor kam auch für die anwesenden Chronisten völlig überraschend, sie konnten sich nicht darauf einigen, ob sechs, acht oder neun Sekunden seit dem Anpfiff vergangenen waren. Auf jeden Fall reichte es für einen FIFA-Rekord und auch, um den Gegner richtig wütend zu machen. «Mutter» England nahm sich die Kleinen jetzt zur Brust und – um im Bild zu bleiben – versohlte ihnen gepflegt den Hintern. 7:1 stand es am Ende für die Gäste.

SPORTJOURNALISTEN: DIE ELENDEN SCRIBENTEN

«Die sind am ärmsten dran, jedenfalls was die Sprache und den Wortschatz betrifft», macht sich Magnus Steinbach in seinem Roman *Die Narren in Schwaben* über die Sportjournalisten lustig.

«Den Sportredakteur erkennst du am leichtesten daran, dass er an keinem Klischee vorbeikommt.» Oder, könnte man ergänzen, dass er mit diesen Klischees wie ein Kind mit den immer gleichen Bauklötzchen spielt und am Ende fassungslos vor einem sprachlichen Trümmerhaufen sitzt.

Tatsächlich verfügt kein anderes journalistisches Ressort über ein so reichhaltiges Angebot an ausgelutschten Worthülsen. Der Siegestreffer ist grundsätzlich «viel umjubelt» – was denn sonst? –, der Pausentee selbst dann «wohlverdient», wenn Sir Alex Ferguson David Beckham den vollen Becher an den Kopf wirft; und wenn ein Schiedsrichter Elfmeter pfeift, zeigt er auf den «ominösen Punkt». Stadien, die vor 50 Jahren oder früher erbaut wurden, sind «ehrwürdig» oder – schlimmer noch – «altehrwürdig»; eine anfällige Abwehr ist «löchrig wie ein Schweizer Käse»; eine Mannschaft, die den Gegner erst zusammentritt und dann niederrennt, hat «vom Kampf zum Spiel gefunden»; und wenn dem Spielmacher noch die vergangene Nacht in den Knochen steckt, kann er entweder «keine Akzente setzen» oder «keine Impulse geben». Ein Tor unmittelbar vor der Pause fällt immer «zum psychologisch wichtigen Zeitpunkt», und wenn der Reporter unfähig zu einer differenzierten Einzelkritik ist, flüchtet er sich in die «geschlossene Mannschaftsleistung».

Besonderer Beliebtheit erfreut sich auch die Formulierung, der Spieler XY sei bei dem Verein «angekommen», häufig auch in der Version «endlich angekommen». Im ersten Fall vermutlich im Bentley, im Ferrari oder im VW Käfer wie der damals auf Imagebildung bedachte Jürgen Klinsmann. Oder im zweiten Fall, was den Zusatz «endlich» begründen würde, mit der Deutschen Bahn. Wir wissen es einfach nicht. Was wir wissen ist: Wäre er nicht angekommen, könnte er nicht spielen.

Im Rundfunk und Fernsehen haben einige Chefredakteure das Problem erkannt und versuchen es zu lösen, indem sie verstärkt alte Hasen durch junge Damen ersetzen – in der Hoffnung, damit der Sportberichterstattung «neue Akzente und Impulse zu geben» und die klischierte Sprache durch unkonventionelle Formulierungen aufzufrischen. Die Hoffnung trog. Die Akzentverschiebung beschränkt sich auf den neuen forschen Ton der Damen und ihren offensichtlich einstudierten Singsang. Und ob es die Berichterstattung gehaltvoller macht, wenn der Spitzenreiter der Tour de France statt des «begehrten Gelben Trikots» jetzt ein «schickes gelbes Trikot» trägt? Dann doch lieber ein Trikot, das «löchrig wie ein Schweizer Käse» ist.

BÖSE JUNGS IN KURZEN HOSEN

«Spieler sind wie kleine Kinder. Wenn ich meiner Tochter fünfmal etwas sage und sie macht es nicht, kann ich sie auch nicht ins Heim stecken.»

(Trainer Klaus Augenthaler)

EIN WELTKLASSETORWART WIRD VERSCHLEUDERT

Den bis heute unübertroffenen Ruf, den törichtesten Transfer eines Weltklassespielers getätigt zu haben, verdiente sich Tottenham Hotspurs Manager Keith Burkinshaw im Sommer 1977. Da sein Torwart Pat Jennings, so glaubte er, mit 32 Jahren auf dem absteigenden Ast sei, schob er den damals besten britischen Goalkeeper auf zynische Weise, ohne ein Wort des Dankes für 13 Jahre erstklassiger und loyaler Arbeit, zum Lokalrivalen Arsenal ab. Der als Nachfolger ausersehene 26-jährige Barry Daines verschwand später sang- und klanglos, um sein Gnadenbrot schließlich in Hongkong und beim unterklassigen Mansfield Town zu verdienen. Pat Jennings aber erlebte bei Arsenal seinen zweiten und dritten Frühling, spielte noch als 40-Jähriger für die Gunners und brachte es dabei auf 119 Länderspiele für Nordirland. Burkinshaw dagegen suchte vier Jahre lang vergebens nach einem auch nur annähernd gleichwertigen Ersatz für «Big Pat», ehe er ihn schließlich in Liverpools englischem Nationaltorwart Ray Clemence fand. Clemence war bei seinem Transfer zu Tottenham 33 Jahre alt – ein Jahr älter als der für Burkinshaw zu alte Jennings.

DANK AN DEN ALTEN GERMANENGOTT

Krieg und Nazi-Herrschaft lagen gerade neun Jahre zurück, als die deutsche Nationalmannschaft am 4. Juli 1954 zum ersten Mal Weltmeister wurde. Doch selbst diese zeitliche Nachbarschaft zu den in deutschem Namen begangenen Verbrechen hinderte den damaligen DFB-Präsidenten Peco Bauwens nicht, bei den Siegesfeiern derbe chauvinistische Töne anzuschlagen. Zwei Tage nach dem 3:2 von Wankdorf beispielsweise dankte er im Münchner Löwenbräukeller erst einmal dem «alten Germanengott Wotan» für seine tatkräftige Hilfe gegen die Ungarn, wobei er offenließ, ob damit der strömende Regen («Fritz-Walter-Wetter») oder früher in Stabreimen besungene überirdische Hilfestellungen gemeint waren.

Als Bauwens dann auf die vom Fahnenmast des Berner Stadions verschwundene deutsche Fahne zu sprechen kam, kochte der deutschnationale Dampfkessel über: «Und jetzt kämpftet ihr ohne äußere Flagge, aber im Herzen tragt ihr die deutsche Flagge, und dann haben die Jungs es wirklich gezeigt, was ein gesunder Deutscher, der treu zu seinem Lande steht, vermag.» Danach faselte er vom «Führerprinzip – im guten Sinne natürlich» und wünschte der jungen Generation, dass das, «was unsere wackeren 22» geleistet haben, «zünden soll in der Jugend, damit sie gute Deutsche werden auch für die fernste Zukunft».

WM-Chronist Thomas Raithel spottete hinterher: «Heute hört sich der als Tonbandmitschnitt erhaltene Schluss nicht nur wegen des rheinischen Dialekts fast wie eine Büttenrede an.» Und Bundespräsident Theodor Heuss verhehlte sein Unbehagen an den chauvinistischen Tönen nicht, indem er in aller Öffentlichkeit rüffelte: «Der gute Bauwens meint offenbar: Gutes Kicken ist schon gute Politik.»

LEAVING ON A JETPLANE

«Ich kann mir nicht vorstellen, dass wir in Newcastle eine Wohnung finden, die unseren Ansprüchen genügt.»

(Der niederländische Popstar Estelle Cruyff auf die Frage, warum ihr Lebensgefährte Ruud Gullit, damals Manager von Newcastle United, vom Verein so viele wöchentliche Freiflüge nach Amsterdam bezahlt bekommen müsse)

AUFSTIEG VOM TORWART ZUM SOHN GOTTES

Brasiliens 4:0-Sieg gegen Polen bei der WM 1986 nahm Pelé als Beweis, dass der Papst zwar Pole, aber Gott Brasilianer sei. Der Sohn Gottes allerdings ist keines von beiden, sondern Engländer – wenn man David Icke glauben will. Der frühere Torwart von Coventry City, der seine Laufbahn schon mit 21 Jahren wegen Arthritis beenden musste, präsentierte sich 1991 bei einer Pressekonferenz am Londoner Flughafen Gatwick – in türkise Gewänder gehüllt – als der «Sohn Gottes», gemeinsam mit seiner spirituellen Beraterin Mari als «Tochter Gottes» und seiner Ehefrau Linda als «Engel Gottes». Dann prophezeite er, dass spätestens an Weihnachten Neuseeland von der Weltkarte verschwunden sei, dass Los Angeles vom amerikanischen Festland abbrechen und die weißen Kreidekliffs von Dover vom Meer verschlungen würden.

Nachdem die angekündigten Katastrophen ausgeblieben waren, stürzte sich Icke in immer wildere Verschwörungstheorien. Inzwischen hat er 15 Bücher veröffentlicht, darunter *Unendliche Liebe ist die einzige Wahrheit* und *Die Bruderschaft des Bösen*, die ihn auf seinen Vortragsreisen rund um die Welt begleiten. Dabei verbreitet er seine Überzeugung, dass George W. Bush, Henry Kissinger, die Queen und Kris Kristofferson in Wahrheit dreieinhalb Meter große Echsen seien, die mit ihrer «Illuminati» genannten Bruderschaft die Welt beherrschten und sich insgeheim Lastern wie Menschenopfern, Kindesmissbrauch und Satanismus hingäben. Wirre Absurditäten wie die, dass die der Bruderschaft ebenfalls angehörenden Rothschilds Hitler unterstützt und den Holocaust finanziert hätten, um danach den Staat Israel gründen zu können, waren Wasser auf den Mühlen von Neonazis und Antisemiten. Was für ein Fluch doch die Arthritis ist, wenn sie in den Köpfen hoffnungsvoller Torhüter so etwas anrichten kann.

GARRINCHAS NACHRUHM: UNTER DER GÜRTELLINIE

Den steilsten Abstieg vom Superstar zum Pflegefall machte Garrincha, eine der Legenden des brasilianischen Fußballs. Bei der WM 1962 in Chile war der Flügelstürmer, der den Beinamen «Entzücken des Volkes» trug (Pelé brachte es nur bis zum schlichten «König»), noch als der beste Spieler des Turniers gefeiert worden, zwei Jahre später war seine Karriere nach einer erfolglosen Beinoperation zu Ende, der Rest ist Alkohol, Sex und Depressionen. Doch auch nach seinem Tod 1983 mit 49 Jahren war ihm noch keine Ruhe beschieden. In seiner 2001 erschienenen Garrincha-Biographie *Der einsame Star* behauptete Ruy Castro, die Männlichkeit des «großen Liebhabers» habe 25 Zentimeter gemessen. Daraufhin zogen Garrinchas Töchter vor Gericht, die Behauptung beleidige das Andenken des Vaters. Doch Richter Joao Webhi Dib wies die Klage ab und berief sich dabei auf Volkes Meinung: «Ein großer Penis ist in unserem Land ein Grund, stolz zu sein. Zwar gehen die Größe und die sexuelle Leistungsfähigkeit nicht immer Hand in Hand, doch die Brasilianer träumen von beidem.»

⚽ ⚽ ⚽

ALLES GLÜCK DER ERDE

Es ist der Traum jedes Fußballfans: so gut spielen zu können wie George Best, so gut auszusehen wie er, sich mit der schönsten Frau der Welt in einer Luxussuite zu Bett zu legen und um sich herum ganze Tausender-Bündel von Geldscheinen, die man vorher im Spielcasino gewonnen hat. Genau dieser traumhafte Anblick bot sich einem Zimmerkellner Ende der Sechziger in Birminghams Holiday Inn, als er seinem Idol und der amtierenden Miss World drei Flaschen Champagner ans Bett servierte. Doch statt in Ehrfurcht und Neid zu erstarren, schüttelte der kleine Mann nur traurig den Kopf und murmelte: «Ach, George, wie konnte das alles nur so schiefgehen.»

EIN BISSCHEN FEINDSCHAFT

Niederländer sind nette Menschen, die meisten jedenfalls. Das denken auch die Deutschen, zumindest viele von ihnen. Weil das umgekehrt genauso ist, kommen die Bewohner der Nachbarländer in aller Regel bestens miteinander aus – solange nicht gerade Schulferien sind oder ein Fußballspiel zwischen ihren Mannschaften ansteht.

Für den Ferienärger gibt es eine einfache Erklärung: Viele Niederländer nutzen auf dem Weg in den Urlaub im Norden, Süden oder Osten Europas mehr oder weniger zwangsläufig deutsche Autobahnen. Das nervt manchen Einheimischen vor allem deshalb, weil er überzeugt ist, dass in Holland Autos nur «im Set» verkauft werden, also in Verbindung mit einem Wohnwagen. Das führt dazu, dass aus handelsüblichen und wenig anstößigen Pkws besonders lange und langsame Gespanne werden, die, wenn sie (siehe Schulferien) in ausreichender Stückzahl unterwegs sind, so etwas wie eine Staugarantie sind und heftigen Unmut auslösen.

Die Sache mit dem Fußball ist schon schwerer zu erklären, was man auch daran merkt, dass sich bisher nur wenige ernsthafte Literaten mit dem Wohnwagenproblem befasst haben, zum Thema Fußballrivalität aber eine ganze Menge Abhandlungen vorliegen. In den meisten Erklärungsversuchen tauchen irgendwann zwei Daten auf – der 10. Mai 1940 und der 7. Juli 1974.

Im Mai 1940 hatte Hitlers Wehrmacht das neutrale Holland überfallen, der Nazi-Terror überzog das Land. Kein Deutscher sollte verwundert sein, dass sich die Gräueltaten im nationalen Gedächtnis der Niederländer festgebrannt haben.

Um die Besonderheit der deutsch-niederländischen Fußballbeziehung zu verstehen, sollte man sich mit dem zweiten Datum näher befassen. Im Juli 1974 verloren die spielerisch ungleich besseren Niederländer das WM-Endspiel gegen Deutschland nicht nur wegen eines unberechtigten Elfmeters, sondern auch, weil sie sich so überlegen wähnten, dass sie den Gegner nicht ernst genug nahmen. Die Enttäuschung in der Heimat war riesengroß, manche sprechen von einem Trauma. Fortan war das Klima gestört, wenn Holländer und Deutsche gemeinsam auf dem Fußballplatz standen. Unschöne Szenen blieben dennoch die Ausnahme, aber es gab sie.

Am 21. Juni 1988 sahen die Zuschauer im Hamburger Volksparkstadion beim 2:1 der Niederlande erstmals in einem entscheidenden Turnierspiel einen Sieg des kleinen über den großen Nachbarn – und zwei Mannschaften, die sich nach dem Halbfinale der Europameisterschaft danebenbenahmen. Die Deutschen hatten nicht den Anstand, dem Gegner zu gratulieren, und die Holländer hatten Ronald Koeman, der sich das Trikot von Olaf Thon schnappte, um sich damit symbolisch den Hintern abzuwischen.

Zwei Jahre und drei Tage später im Achtelfinale der WM in Italien folgte beim 2:1 der DFB-Auswahl die ebenso eklige wie legendäre Spuckattacke von Frank Rijkaard gegen Rudi Völler. Das war es dann aber schon auch mit dem Kapitel «So geht's gar nicht», zumindest auf dem Platz. Drumherum bemühen sich Vertreter einiger Medien und andere Dummköpfe, darunter unglücklicherweise auch einige (holländische) Spieler, redlich um ein bisschen Feindschaft. Immer wieder können sie bescheidene

Erfolge feiern. Wenn kahlgeschorene Ranzhirne dumpfe Parolen grölen oder – wie zur WM 2006 geschehen – Produzenten von orangefarbenen Plastik-Wehrmachtshelmen in den Niederlanden beachtliche Absätze vermelden, ist das gut für die Schlagzeilen und das Bedürfnis, sich in seinen Vorurteilen bestätigt zu sehen.

Allerdings wird es auch für die hartnäckigen Traditionalisten beidseitig der Grenze zunehmend schwer, das alte Feindbild zu pflegen. Den Holländern macht dabei vor allem die deutsche Nationalmannschaft zu schaffen. Ihre Wandlung zu einer bunten, gar fröhlichen Multikultitruppe, die der niederländischen Auswahl auch in Sachen Spielfreude und Eleganz durchaus ähnlich ist, passt so gar nicht ins alte Schema «D». Die Anti-Holland-Fraktion in Deutschland hat es sogar noch schwerer. Woche um Woche wird ihr in den eigenen Stadien vor Augen geführt, wie die herausragenden Qualitäten niederländischer Fußballer die Attraktivität der Bundesliga steigern. Vorläufiger Höhepunkt des immer reger werdenden Imports von Oranje-Stars: Nach der Saison 2009/10 wurde mit Münchens Arjen Robben erstmals ein Niederländer in der Bundesliga zum «Fußballer des Jahres» gewählt, die Auszeichnung «Trainer des Jahres» ging an seinen Landsmann und Bayern-Coach Louis van Gaal.

Eigentlich wäre das ein schöner Anlass gewesen, ein neues, freundschaftliches Kapitel in den deutsch-niederländischen Fußballbeziehungen zu beginnen. Doch den Initiatoren der Fußballer-Wahl ist ein bedauerlicher Lapsus unterlaufen: Sie verkündeten das Ergebnis ausgerechnet an einem Ferienwochenende im August, an dem Zigtausende holländische Wohnwagengespanne die deutschen Autobahnen verstopften.

«PASSIVES» ABSEITS? DASS ICH NICHT LACHE!

«Eine Abseitsstellung ist nur strafbar, wenn der Spieler auf das Spielgeschehen einwirkt.»

(Aus einer Anweisung des DFB zur Abseitsregel)

«Ein Spieler, der nicht auf das Spielgeschehen einwirkt? Was zum Teufel hat er dann auf dem Platz zu suchen?»

(Der irische Fußball-Philosoph Danny Blanchflower über den Begriff «Passives Abseits»)

⚽ ⚽ ⚽

DIE KEHRSEITE DER MÜNZE

«Ich bekomme mein Geld immer am letzten Donnerstag des Monats, und ab diesem Moment kümmert sich meine Mum darum … Ich laufe nicht durch die Gegend und werfe mit der Kohle um mich, das ist nicht mein Ding. Ich bin hierhergekommen für lächerlich viel Geld. Aber dafür kann ich nichts – so ist eben der Job, in dem ich arbeite und in dem es weiß Gott nicht so zugehen sollte. Ich mache das nur mit, weil ich den Fußball liebe. Und weil Fußballspielen das Einzige ist, was ich kann.»

(Der irische Nationalspieler Damien Duff, der 2003 vom FC Chelsea für damals sensationelle 13 Millionen Pfund gekauft wurde.)

⚽ ⚽ ⚽

ARSENAL: ALLES WAS RECHT IST

«Es ist das Recht eines jeden Engländers einzuschlafen, wann immer er will – ganz besonders, wenn er Arsenal spielen sieht.»

(Begründung des britischen Richters Michael Taylor, als er das Urteil gegen einen Fan wegen Trunkenheit in der Öffentlichkeit aufhob)

PRÄSIDIALES PRICKELN

«Als ich noch bei Ipswich war, trank der Vereinspräsident eine Flasche Champagner, wenn wir gewannen. Wenn wir verloren, trank er zwei Flaschen und dachte dann, wir hätten gewonnen.»

(Manager Bobby Robson über die guten alten Zeiten im englischen Fußball)

SCHWEINI SUPERSTAR

Wie flüchtig und rätselhaft der Ruhm eines Fußballprofis ist, erkennen wir beim Blick über den eigenen Tellerrand. Ein Münchner Hörbuch-Produzent hatte im Frühjahr 2010 einen Schauspieler aus Beijing engagiert, um mit ihm Heinrich Heines poetische Reportage *Deutschland, ein Wintermärchen* auf Chinesisch einzuspielen. Auf dem Weg vom Flughafen zum Tonstudio kamen die beiden an der Allianz-Arena des FC Bayern München vorbei. Beim Anblick des Stadions hellte sich die Miene des schweigsamen chinesischen Gastes auf, er hob stolz den rechten Zeigefinger und sagte sein einziges deutsches Wort: «Schweini!» Nicht Kaiser Franz, nicht Bomber Müller, schon gar nicht Lothar

Matthäus – Bastian Schweinsteiger war es, mit dem er seine Brücke zur deutschen Kultur schlug. Und mit Heinrich Heine, auch wenn er im *Wintermärchen* die Bayern mit keiner Silbe erwähnt.

ZWEI LINKS, ZWEI RECHTS

Von 15 Jahren Fußballkarriere bleibt ein einziger Nachmittag in Leicester, für den man sich an mich erinnert», spottet der 51-malige nordirische Nationalverteidiger Chris Nicholl. Immerhin hat er sich in jenen 90 Minuten am 20. März 1976 für alle Zeiten einen Platz in der Ruhmeshalle des britischen Fußballs und im Guinness-Buch der Rekorde gesichert. Welcher Innenverteidiger kann schließlich für sich in Anspruch nehmen, in der höchsten Spielklasse alle vier Tore eines Spiels erzielt zu haben – und dann auch noch gerecht verteilt auf beide Mannschaften?

Ausgerechnet im Nachbarschaftsderby bei Leicester City war Aston Villas Abwehrspieler Nicholl das Missgeschick von gleich zwei Eigentoren widerfahren, zum 0:1 und zum 1:2. Doch beide Male schaffte er es aus eigener Kraft, Villa wieder ins Spiel zurückzubringen. «Aber keines der beiden Tore für uns war etwas Besonderes, einfach nur Abstauber, die ich über die Linie würgte. So richtig schön war eigentlich nur das zweite Eigentor, ein krachender Flugkopfball direkt in den Winkel.»

Eines allerdings wurmt Chris Nicholl noch heute. Nach einem ungeschriebenen Gesetz des englischen Fußballs darf der Schütze eines Hattricks den Spielball behalten. «Ich hatte schließlich nicht nur drei, sondern sogar vier Tore erzielt, also ging ich zum Schiedsrichter. Aber wie es der Teufel will, war das für ihn das letzte Spiel seiner Laufbahn, also behielt er den Ball für sich selbst, und ich ging leer aus.»

DIE MUTTER ALLER SCHWARZEN FUSSBALLWITZE

Bei der WM 2006 in Deutschland blieb die Schweiz zwar als einzige aller 32 Mannschaften ohne Gegentor und schied im Achtelfinale gegen die Ukraine auch erst nach Elfmeterschießen mit 0:3 aus (keiner der drei Schweizer Schützen Marco Streller, Tranquillo Barnetta und Ricardo Cabanas hatte getroffen). Dennoch herrschte zu Hause weder Staatstrauer noch Wehgeschrei, stattdessen trösteten sich die Eidgenossen mit schwarzem Humor. Zufällig stand damals gerade der gestürzte irakische Diktator Saddam Hussein vor Gericht, und deshalb geht die «Mutter aller makabren Fußballwitze» so:

Nach monatelanger Verhandlung verliest der Vorsitzende Richter das Urteil: «Mr. Saddam, wir haben eine schlechte und eine gute Nachricht für Sie. Zuerst die schlechte: Wir mussten Sie zum Tod durch Erschießen verurteilen. Nun die gute: Das Hinrichtungskommando besteht aus den Herren Streller, Barnetta und Cabanas …»

Vermutlich um ganz sicherzugehen, entschieden sich die irakischen Richter später für den Tod durch den Strang. Das Urteil gegen Saddam wurde am 30. Dezember 2006 vollstreckt, sechs Monate nach dem Elfmeterschießen der Schweizer gegen die Ukraine.

DAS RECHTE WORT ZUR RECHTEN ZEIT

«Ich verdiene mehr Geld als ihr ganzen Wichser zusammen.»

(Der 18-malige englische Nationalspieler Carlton Palmer zu den Polizisten, die ihn nach einer nächtlichen Sause verhaftet hatten)

DAS PROTZIGE JA DES SONNENKÖNIGS HAVELANGE

In den Fußball-Organisationen gelten die gleichen Faustregeln wie in der Politik oder im täglichen Berufsleben: Je skrupelloser, bornierter und eitler einer ist, desto höher steigt er hinauf. Der lebende Beweis für den Wahrheitsgehalt dieser These ist der Sonnenkönig des Fußballs, der Brasilianer João Havelange, der bis 1998 24 Jahre lang die FIFA mit diktatorischer Strenge führte und während dieser Zeit ein Verbandsvermögen von vier Milliarden Dollar zusammenraffte. Einem derart von sich selbst überzeugten Menschen musste es leichtfallen, das längste «Ja» der Fußballgeschichte zu formulieren.

Während sein ihm an Machtbewusstsein ebenbürtiger Nachfolger Sepp Blatter auf die Frage «Betrachten Sie sich als den mächtigsten Mann der Welt?» wahrscheinlich nur bescheiden genickt hätte, warf sich Havelange 1997 in Marseille vor der gesamten Sportpresse der Welt in die breite Brust und psalmodierte:

«Ich war zweimal auf Einladung von Präsident Jelzin in Russland. Ich war in Polen Gast verschiedener Präsidenten. Bei der Weltmeisterschaft 1990 in Italien habe ich Papst Johannes Paul II. dreimal gesehen. Wenn ich nach Saudi-Arabien reise, begrüßt mich König Fahd auf glanzvolle Weise. In Belgien hatte ich ein eineinhalbstündiges Treffen mit König Albert. Glauben Sie, ein Staatsoberhaupt würde jedem Dahergelaufenen so viel Zeit widmen? Das ist Respekt. Das ist die Stärke der FIFA. Ich kann mit jedem Präsidenten sprechen, und diese sprechen dann von Gleich zu Gleich ebenfalls mit einem Präsidenten. Sie haben ihre Macht, und ich habe die meine: Die Macht des Fußballs, und das ist die größte Macht, die es gibt.»

Das Elende daran ist, dass Havelange mit seinem protzigen Marathon-Ja womöglich recht hat.

⚽ ⚽ ⚽

DER WEITBLICK DES GROSSEN DI STEFANO

Als der brasilianische Weltmeister Didi 1959 zu Real Madrid wechselte, schien das eine ideale Fußballehe zu sein: Der beste Mittelfeldspieler der Welt bei der besten Vereinsmannschaft der Welt – was konnte es Besseres geben? Es ging trotzdem gründlich schief, weil Verein und Spieler die Rechnung ohne Reals Platzhirsch Alfredo Di Stefano gemacht hatten.

Da der in Spanien eingebürgerte Argentinier Di Stefano den Brasilianer vom ersten Moment an seine tiefe Abneigung spüren ließ, bekam Didi in Madrid buchstäblich kein Bein auf die Erde und kehrte knapp zwei Jahre später entnervt nach Hause zurück, wo er sich in vertrauter Umgebung auf die WM 1962 in Chile vorbereiten konnte. Bevor er Madrid endgültig verließ, schüttelte er jedem seiner bisherigen Mannschaftskameraden die Hand und wünschte ihm viel Glück. Lediglich Di Stefano übersah er demonstrativ.

Erst beim Hinausgehen drehte sich Didi noch einmal um und rief seinem Feind zu: «Du dort, ich sehe dich in Chile.» Worauf der 35-jährige Di Stefano dem drei Jahre Jüngeren voller Verachtung antwortete: «Du dort, du gehst nicht nach Chile. Du bist zu alt, du bist erledigt.»

Es war jedoch Di Stefano, der erledigt war, wie sich zeigen sollte. Kurz vor der WM in Chile verletzte sich Don Alfredo. Der Mann, der für drei Nationalmannschaften – Argentinien, Kolumbien und seit 1956 für Spanien – spielte, hatte seine letzte Chance vertan, sich bei einer Weltmeisterschaft darstellen zu können.

Didi dagegen bestritt in Chile alle sechs Spiele Brasiliens und wurde am 17. Juni 1962 zum zweiten Mal Weltmeister – wie vier Jahre zuvor bei der WM in Schweden, für die sich Spanien trotz Di Stefano nicht einmal qualifiziert hatte.

⚽ ⚽ ⚽

DAS ZWEIFELHAFTESTE KOMPLIMENT ALLER ZEITEN

Dass der nordirische Torwart-Koloss Pat Jennings auf eine Karriere von 119 Länderspielen zurückblicken kann, verdankt er nicht zuletzt seiner sprichwörtlichen Gemütsruhe und Ausgeglichenheit – und der Lektion, die ihm ein ahnungsloser Ordner zu Beginn seiner Profilaufbahn erteilte. Damals erkannte Jennings schlagartig, wie schmal der Grat zwischen Publikumsliebling und Sündenbock ist.

In einem Freundschaftsspiel gegen die englische Jugendnationalmannschaft hütete der 18-jährige Jennings das Tor von «Rest-Großbritannien», einer Auswahl der besten nordirischen, schottischen und walisischen Nachwuchsspieler. Es war ein abscheulich verregneter Abend im Wembleystadion, und Jennings erinnert sich noch heute schaudernd daran: «Ich hatte eine elende erste Halbzeit, nach 45 Minuten lagen wir mit 0:4 hinten.» Das änderte sich erst, als Jennings in der Kabine seinen schlammverdreckten Pullover wechselte, danach buchstäblich nicht wiederzuerkennen war und der «Rest» sich deshalb mit 2:5 halbwegs achtbar aus der Affäre ziehen konnte.

Nach dem Spiel klopfte ihm jener ahnungslose Ordner auf die Schulter und konnte sich nicht fassen vor Begeisterung: «Junge, du hast toll gehalten, einfach phantastisch. Kein Vergleich mit eurem Torwart in der ersten Halbzeit. Der war wirklich grauenhaft.» Jennings in seiner Autobiographie: «Es war das zweifelhafteste Kompliment aller Zeiten und zeigte mir, wie es im Fußball zugeht: In der einen Minute bist du ganz oben, in der nächsten kannst du schon wieder tief unten sein.»

PIRMASENSER SUPERLATIVE

Das pfälzische Pirmasens rühmt sich in seiner Stadtwerbung einiger Superlative, wie etwa des größten Schuhhandelszentrums der Welt und der größten Millionärsdichte in Rheinland-Pfalz. Gleich nach der örtlichen Fußgängerzone («eine der schönsten im Umkreis») taucht in der Eigenwerbung auch der bekannteste Fußballverein der Stadt auf, im Volksmund ebenso liebevoll wie feminin «die Klub» genannt. Im kurzen Text über den FK fehlen die Superlative.

Dabei waren die Pirmasenser einst eine große Fußballnummer im Südwesten. In der «ewigen» Oberliga-Tabelle wird der mehrmalige Meister hinter dem 1. FC Kaiserslautern auf Platz zwei geführt. In den sechziger und siebziger Jahren nahm «die Klub» an Aufstiegsrunden zur Ersten Bundesliga teil, und in der ersten Saison der neuen Zweiten Liga scheiterte die Mannschaft 1974/75 als Zweiter der Gruppe Süd erst in der Relegation am Nord-Zweiten Uerdingen. Fortan aber ging's bergab.

Das folgende Zweitliga-Jahr beendete Pirmasens als Vierzehnter, in der Saison 1976/77 war der Verein sportlich bereits abgestiegen, blieb aber in der Liga, weil Röchling Völklingen seine Mannschaft zurückzog. Dem FK wäre ohne diese Schützenhilfe einiges erspart geblieben: Pirmasens taumelte 1977/78 von einer Klatsche zur nächsten und stand bereits acht Spieltage vor Saisonende als Absteiger fest. Der Rekord von 33 Niederlagen stand am Ende ebenso zu Buche wie 120 Gegentore und 6:70

Punkte (7 nach der 3-Punkte-Regel). Erfolgloser als der FK Pirmasens in jenem Jahr hat nie ein deutscher Profifußballverein gespielt. Irgendwie rätselhaft, warum die Stadtväter das nicht in ihre Liste der Superlative aufgenommen haben.

⚽ ⚽ ⚽

ANDERE LÄNDER, ANDERE SITTEN

«Männerfußball zeigt das Leben so, wie es ist, Frauenfußball so, wie es sein sollte.»

(Der deutsche Sportjournalist Magnus Steinbach)

«Frauenfußball ist ein Spiel, das ausschließlich von gleichgesinnten Erwachsenen im privaten Kreis getrieben werden sollte.»

(Der englische Sportjournalist Brian Glanville)

⚽ ⚽ ⚽

GOTTES ZORN UND LOUIS VAN GAAL

«Was van Gaal in Barcelona passiert ist, das geschieht ihm recht. Er hat viel Schlechtes über mich erzählt, und für diesen Blödsinn hat Gott ihn nun bestraft.»

(Der brasilianische Stürmer Ronaldo 2003, nachdem Louis van Gaal in seiner zweiten Amtszeit beim FC Barcelona schon nach einem halben Jahr gefeuert worden war)

⚽ ⚽ ⚽

ALEX VILLAPLANE: VOM KAPITÄN DES NATIONALTEAMS ZUM NAZI-VERBRECHER

Das Bild, das die französische Nationalmannschaft bei der WM 2010 in Südafrika abgab, mag abstoßend gewesen sein, doch gemessen an Alex Villaplane sind Anelka, Evra und Konsorten allenfalls eine Bande kleinkarierter Abkocher. Denn Villaplane, einer der besten französischen Fußballer der späten 20er Jahre, war nicht einfach bloß geldgierig, sondern vor allem ein Betrüger, Mörder und Nazi-Kollaborateur, mit anderen Worten: ein Schwerverbrecher. Bevor er Ende 1944 – unter anderem wegen Hochverrats und Unmenschlichkeit – in Arcueil bei Paris hingerichtet wurde, bezichtigte der öffentliche Ankläger ihn und seinesgleichen: «Sie plünderten, vergewaltigten, mordeten und taten sich mit den Deutschen zusammen, um noch scheußlichere Verbrechen zu begehen.»

So scheußlich, dass das 50 Jahre nach seinem Tod erschienene französische Standardwerk *La Fabuleuse Histoire des Joueurs de Football* zwar Villaplanes sportlichen Erfolgen immerhin sieben Zeilen widmet, doch über das Privatleben dieses schwärzesten aller schwarzen Schafe kommentarlos hinweggeht. Sogar das Todesjahr verschweigt das Buch. Dass ein 25-maliger Nationalspieler im blühenden Alter von 39 Jahren stirbt, hätte womöglich allzu peinliche Fragen aufgeworfen.

Der 1905 im algerischen Constantine geborene Villaplane hält gleich mehrere Landesrekorde. Er war der erste aus Nordafrika stammende französische Nationalspieler, er führte bei der ersten WM der Fußballgeschichte (1930 in Uruguay) die französische Mannschaft als Kapitän auf den Platz, und er ist der bisher einzige zum Tode verurteilte Nationalspieler Frankreichs. Den Titel des schäbigsten Kriminellen, der je im Trikot der «Bleus» spielte, macht ihm ohnehin keiner streitig.

Spätestens ab 1929, also schon drei Jahre vor Einführung des Profi-Fußballs in Frankreich, verstand es der «Amateur» Villaplane («Ein Spielmacher der Weltklasse und einer der talentiertesten Spieler seiner Generation», so die Tageszeitung *Le Monde*), aus seinem Talent Kapital zu schlagen. Beim Racing Club de Paris wurde ihm unter der Hand so viel Geld zugeschoben, dass er in den teuersten Bars und Nachtclubs der Hauptstadt verkehrte und dort mit seinem Reichtum protzte. Doch das allein genügte ihm nicht, also mehrte er diesen Reichtum auf den Galopprennbahnen durch Wettbetrug und fraternisierte mit der Unterwelt – so, wie er es zehn Jahre später, nach dem Einmarsch der Deutschen, mit SS und Gestapo tat.

Dieses Fraternisieren gipfelte darin, dass ihm die Deutschen eine SS-Uniform schenkten, ihm den Rang eines Untersturmführers verliehen und ihn an die Spitze einer Brigade von Nordafrikanern stellten, die in der Dordogne, im Südwesten Frankreichs, ihr mörderisches Unwesen trieb. Ob sie nun Juden aufstöberten, um sie in deutsche KZs verschleppen zu lassen, ob sie Résistance-Mitglieder folterten und ermordeten oder ob sie sich am Vermögen ihrer Opfer bereicherten – die Brutalität und der Zynismus Villaplanes und seiner Leute kannten keine Grenzen.

Am 11. Juni 1944 beispielsweise ging ihnen in dem kleinen Städtchen Mussidan, 25 Kilometer nördlich von Bergerac, eine Gruppe von Widerstandskämpfern in die Falle. Auf Villaplanes Befehl wurden elf junge Männer zwischen 17 und 26 Jahren zu einer Grube geführt und ermordet. Der frühere Kapitän der französischen Nationalmannschaft soll nicht nur die Kommandos gegeben haben, sondern sich eigenhändig an dem Gemetzel beteiligt haben.

Dass ein so finsterer Charakter für alle Zeiten einen Stammplatz im Horrorkabinett der französischen Zeitgeschichte einnimmt, liegt auf der Hand. Inzwischen jedoch hat er sich auch noch in eine Nische der Kriminalliteratur eingeschlichen. In dem in der Dordogne spielenden Krimi des Schotten Martin Walker *Bruno, Chef de Police* taucht als Randfigur der ehemalige Fußballer und Nazi-Sympathisant «Capitaine Villanova» auf, dessen nordafrikanische Einheit «im Februar 1944 in Périgueux den Auftrag erhielt, Strafmaßnahmen gegen Unterstützer der Partisanen durchzuführen». Woraufhin Villanova gnadenlos mordete und morden ließ – ganz wie im richtigen Leben Alex Villaplane, Mittelfeld-Dynamo der «Équipe tricolore» und Untersturmführer der Gestapo française.

DREI SIND EINE ZU VIEL

Auf beeindruckende Weise führte der kroatische Nationalspieler Josip Simunić der Fußballöffentlichkeit im Sommer 2006 vor, wie man sein Glück überstrapazieren kann. Im WM-Vorrundenspiel gegen Australien (2:2) hatte sich Simunić nach 60 Minuten redlich einen Nachweis ruppiger Abwehrarbeit verdient – der englische Schiedsrichter Graham Poll zeigte ihm die Gelbe Karte. Kurz vor Ende der Partie langte der bundesligaerfahrene Kroate nochmals so kräftig hin, dass Poll erneut in die Tasche griff. Was folgte, war aber nicht der nach dem Regelwerk zwangsläufige Platzverweis, sondern große Verwirrung. Denn der in der hektischen Schlussphase des Spiels desorientierte Schiedsrichter zog zwar zum zweiten Mal Gelb für Simunić, ließ aber kein Rot folgen.

Der Sünder blieb trotz gegnerischer Proteste auf dem Feld und hätte gute Gründe gehabt, sich still über sein großes Glück zu freuen. Doch Simunić hatte es keineswegs die Sprache verschlagen, ganz im Gegenteil: Statt sich gegen das drohende Aus seiner Mannschaft zu stemmen, bereicherte er die Nachspielzeit durch lautstarkes Pöbeln und Meckern. Und weil Poll zwar den Überblick, nicht aber sein Gehör verloren hatte, bekamen die Zuschauer eine in der WM-Geschichte einmalige Szene geboten: Simunić sah zum dritten Mal in der Begegnung eine Gelbe Karte, dieses Mal gefolgt von einer Roten.

Dem Unparteiischen aus England nutzte es allerdings nichts mehr, dass er in diesem Fall richtig entschieden hatte; seine internationale Karriere war mit dem Abpfiff beendet. Kleiner Trost für Graham Poll: Auch Josip Simunić bestritt nie wieder ein WM-Spiel.

STEUER-TIPPS

Tippspiele unter Kollegen gehören während großer Fußballturniere zu den festen Ritualen in unzähligen Büros. Selbst Beamte kann man bei solchen Gelegenheiten dabei beobachten, wie sie eifrig Formulare ausfüllen. Für die Bediensteten der Landesverwaltung Brandenburg gab es zur Weltmeisterschaft 2010 neben der Gelegenheit, endlich einmal Fachwissen unter Beweis stellen zu können, noch einen weiteren Anreiz, sich am WM-Tipp der Behörde zu beteiligen: Für die Sieger waren Preise im Wert von gut 500 Euro ausgelobt. Feine Sache, wäre nicht rausgekommen, dass die Gewinne mit Steuergeld finanziert werden sollten. Als das öffentlich wurde, machte man in Potsdam schnell einen Rückzieher und strich die Haushaltsmittel für die Spieler.

ALT WIE EIN BAUM

In vier Jahrzehnten als Trainer diverser National- und Vereinsmannschaften in Afrika hat Otto Pfister eine Menge gelernt über den Kontinent und seine Menschen. Ein Rätsel des afrikanischen Fußballs aber konnte auch der Übungsleiter aus Köln in all den Jahren nicht lösen: Das wahre Alter der Spieler blieb ihm verborgen.

Insider haben keinerlei Zweifel daran, dass Fußballverbände des Kontinents lange Zeit eine systematische Verjüngungskur betrieben haben. Um sich bei internationalen Nachwuchsturnieren Vorteile durch körperlich überlegene Spieler zu verschaffen, sollen reihenweise Geburtsdaten gefälscht worden sein. Als die FIFA vor der U-17-Weltmeisterschaft im Jahr 2009 erstmals einen wissenschaftlichen Alterstest ankündigte, strichen Länder wie Nigeria und Gambia plötzlich gleich dutzendweise Spieler aus ihrem ursprünglichen Kader.

Auch ein Blick auf die Statistik nährt den Verdacht, dass es im Jugendbereich zu ungleichen Duellen von Männern gegen Jungs gekommen ist. Bei der U-17-WM spielen afrikanische Teams seit Jahren eine herausragende Rolle, fünfmal bereits holten sie den Weltpokal. Bei U-20-Weltmeisterschaften stehen zumindest noch ein Titelgewinn und vier Finalteilnahmen zu Buche; im Erwachsenenbereich hingegen bleiben die Erfolge beharrlich aus. Womöglich sind die afrikanischen Spieler, wenn sie endlich auch offiziell als Mann gelten dürfen, tatsächlich einfach zu alt, um noch mit der Konkurrenz mithalten zu können.

Stimmen nur einige der wilden Gerüchte, sind einige Nationalmannschaften in der Vergangenheit mit echten Seniorenteams angetreten. Zwar sind mitunter Zweifel an den Hochrechnungen angebracht – manch afrikanischer Profi wäre demnach noch mit über 50 bei Spitzenteams aktiv gewesen –, einige Spekulationen halten sich aber hartnäckig. Der Nigerianer Obafemi Martins etwa soll, als ihn der VfL Wolfsburg 2009 für gut zehn Millionen Euro verpflichtete, statt 24 bereits 32 Jahre alt gewesen sein, sein Landsmann Kanu angeblich schon jenseits der 40, als er 2008 mit Portsmouth den englischen FA Cup gewann. Jay-Jay Okocha schließlich, der Dritte im Bund der ewig jugendlichen Nigerianer, wäre mit Sicherheit der älteste Jungstar der Bundesligageschichte, sollte sich bewahrheiten, was über ihn getuschelt wird: Als er 1993 für Eintracht Frankfurt mit einem sagenhaften Dribbling durch den Strafraum des Karlsruher SC das Tor des Jahres erzielte, hatte er angeblich keineswegs gerade mal 20, sondern bereits 30 Lebensjahre auf dem Buckel. Seine Profikarriere beendete er übrigens erst 15 Jahre später, mutmaßlich also mit Mitte 40.

Im etwa gleichen Alter soll Anthony Yeboah während seiner Zeit beim Hamburger SV Ende der 1990er, Anfang der 2000er Jahre gewesen sein. Irgendwann sah sich der Stürmerstar aus Ghana genötigt, nach langen Spekulationen über sein Geburtsdatum ein Dokument vorzulegen, das die Wahrheit an den Tag bringen sollte. Eingetragen war darin der 6. 6. 66. Konnte man sich prima merken, aber auch gleich wieder vergessen. Denn so gut, dass man ihm diese Auskunft wirklich geglaubt hätte, war Yeboahs Faltencreme auch wieder nicht.

Zum Glück für den Stürmer und andere afrikanische Altstars setzte sich nie die Prüfmethode durch, die Otto Pfister einst ins Gespräch gebracht hatte. Als Nationaltrainer Ghanas antwortete er auf die immer gleichen Fragen nach Yeboahs Alter: «Da hilft nur eins: Bein aufsägen und Jahresringe zählen.»

SÜSS-SAUER

«Wenn die Eckfahne Nutella-Fahne heißt, höre ich auf.»

(Reporter-Legende Manfred Breuckmann, mittlerweile im Ruhestand)

⚽ ⚽ ⚽

ROONEY – EIN BILLIGER SPASS

Während hierzulande noch Trikots, Fähnchen oder auch in Schwarz-Rot-Gold gehaltene Überzieher für die Außenspiegel des Autos als Zeichen inniger Verbundenheit mit der Nationalmannschaft gelten, sind Fans in England längst einen großen Schritt weiter: Sie begnügen sich nicht mit Leibchen oder Landesfarben, sie wollen auch die Namen ihrer Stars tragen. Klingt etwas abgedreht, ist aber zumindest ein preiswertes Vergnügen: Namensänderungen sind im Vereinigten Königreich schon für umgerechnet knapp 20 Euro zu haben. Weil sich das auch ein Mittelständler leisten kann, sorgte ein Kneipenwirt aus Manchester vor der WM 2010 dafür, dass sich sein Personal geschlossen in Wayne Rooney umbenennen ließ.

Somit standen im «Shakespeare Inn» fortan gleich zehn Wayne Rooneys hinterm Tresen, unter ihnen auch mehrere weibliche Angestellte. Eine von ihnen merkte allerdings recht schnell, dass ein großer Name wie der des Stürmerstars von Manchester United auch Probleme mit sich bringen kann. Sie berichtete, ihr Freund sei aus dem gemeinsamen Schlafzimmer aufs Sofa umgezogen und wolle dort so lange seine Nächte verbringen, bis sie wieder Katie Hyett heißt. Allerdings störte sich der Lebensgefährte gar nicht so sehr daran, mit jemandem das Bett zu teilen, der auf einen Männernamen hört. Als überzeugter Fan des FC Liverpool war es für ihn vielmehr ein kompletter Albtraum, beim

Einschlafen wie beim Aufwachen an den Rivalen Manchester United denken zu müssen.

Noch härter als seine einsame Angestellte traf es den Pub-Manager selbst. Er hatte bei der Rooney-Aktion ausgeprägtes Hierarchiebewusstsein demonstriert und für sich einen seiner Stellung vermeintlich angemesseneren Namen gewählt – Fabio Capello. Doch ausgerechnet mit dem englischen Team-Chef wollte nach dem bitteren WM-Aus kein Fan mehr ein Bier trinken.

KLEINER IRRTUM

Dieter Nuhr hat es einst auf den Punkt gebracht: «Wenn man keine Ahnung hat – einfach mal Fresse halten.» Ob der gute Rat des deutschen Kabarettisten nie ins Türkische übersetzt wurde oder aber Hakan Bingöl für derartige Lebensweisheiten schlichtweg nicht empfänglich war, entzieht sich unserer Kenntnis. Sicher aber ist, dass der Stadionsprecher von Fenerbahçe Istanbul einen folgenschweren Fehler beging, als er am 16. Mai 2010 gegen 20.45 Uhr Ortszeit genau zwei Worte zu viel sagte.

Es war der letzte Spieltag der Süper Lig, und die Meisterschaft wurde in einem Fernduell zwischen Tabellenführer Fenerbahçe und dem nur einen Punkt zurückliegenden Verfolger Bursaspor entschieden. Für Istanbul standen die Dinge schlecht. Im Heimspiel gegen Trabzonspor stand es kurz vor Ende 1:1, Konkurrent Bursaspor führte hingegen 2:1 gegen Besiktas – zu diesem Zeitpunkt war Fenerbahçe den Titel los. Doch dann griff Hakan Bingöl ins Geschehen ein. Auf ungeklärten Wegen hatte ihn die frohe Botschaft erreicht, dass Bursaspor doch noch den Ausgleich kassiert hatte und seinem Team damit der eine Punkt gegen Trabzonspor reichen würde für die 18. türkische Meisterschaft.

Ohne eine Sekunde zu zögern, griff der Stadionsprecher zum Mikrophon und brachte die Arena mit zwei Worten zum Beben: «Şampiyon Fenerbahçe» – Fenerbahçe ist Meister.

Um den hauchdünnen Vorsprung nicht mehr zu gefährden, beorderte Trainer Christoph Daum seine Spieler zurück; Ergebnis halten war jetzt die Devise. Und ein paar Nachspielminuten lang passierte auf dem Rasen denn auch so gut wie gar nichts, auf den Tribünen wurde derweil ausgelassen gefeiert. Plötzlich jedoch verstummten die Gesänge: Während sonst alle Augen fest auf den Platz gerichtet waren, hatte ein Gast im VIP-Bereich kurz einen Blick auf den dort aufgestellten Fernseher geworfen. Er sah Bilder aus dem Stadion von Bursaspor – wo Mannschaft und Fans offenkundig bester Dinge waren. Das eingeblendete Ergebnis bestätigte die schlimmen Befürchtungen des Betrachters: Bursaspor hatte Besiktas 2:1 geschlagen, der angebliche späte Ausgleichstreffer war nie gefallen.

Es dauerte einige Sekunden, bis allen bei Fenerbahçe klar war, dass man die Meisterschaft verspielt hatte. Dann brach die Hölle los. Getrieben von Wut und Fassungslosigkeit machten sich Zuschauer daran, die Arena zu zerlegen. Es flogen Fäuste, Brandsätze und etwas später flog auch Trainer Daum. Der Schaden, Daums Abfindung einberechnet, soll im zweistelligen Millionenbereich gelegen haben. Ganz nebenbei und ohne Extrakosten hatte sich Fenerbahçe zum Gespött im ganzen Land gemacht.

Stadionsprecher Bingöl wurde unter Polizeischutz aus dem Stadion gebracht. Er war sichtlich gezeichnet von diesem Fußballabend: Angeblich hatte ihm Fenerbahçe-Präsident Yildirim höchst persönlich eine gehörige Tracht Prügel verpasst.

ZEHN AUGEN ZUGEDRÜCKT

«Ich denke nicht, dass es das Spiel zusätzlich belastet, wenn da zwei Pinguine mehr auf dem Platz herumlaufen.»

(Peter Pacult als Trainer von Rapid Wien zum Einsatz zusätzlicher Torrichter. Im Europa-League-Spiel der Wiener gegen den HSV im September 2009 hatte es unter den Augen von immerhin fünf Unparteiischen trotz eines Handspiels des Hamburgers Jerôme Boateng keinen Strafstoß für Rapid gegeben)

WERBUNG FÜR DEN FUSSBALL

Der britische Fernsehsender ITV hat einen Ruf, vergleichbar mit dem englischer Nationaltorhüter – man muss stets mit einem Desaster rechnen. Vor der Weltmeisterschaft in Südafrika boten Buchmacher sogar Wetten darauf an, dass ITV auch das Turnier 2010 nicht pannenfrei auf den Bildschirm bringen würde. Wer darauf ein paar Pfund gesetzt hatte, dürfte zumindest etwas Freude am 1:1 der Engländer im Auftaktspiel gegen die USA empfunden haben. Denn schon kurz nach Anpfiff fiel das Live-Bild aus.

Die Zuschauer, die sich für ITV in HD-Auflösung entschieden hatten, sahen statt Fußball plötzlich einen gestochen scharfen Werbespot. Als das darin beworbene koreanische Auto davongefahren war, durfte das TV-Publikum immerhin noch kurz teilhaben an der Freude seiner Nationalspieler. Die bejubelten Steven Gerrard, der nach drei Minuten Englands einziges Tor im Spiel erzielt hatte – unter Ausschluss der HD-Zuschauer. ITV entschuldigte sich vielmals für das technische Problem, das zu der unplanmäßigen Unterbrechung geführt habe, und sendete den

Rest der Partie tatsächlich durch. So bekamen die Zuschauer live mit, wie sich auch der zweite nationale Fußballfluch erfüllte: Kurz vor der Halbzeit setzte Robert Green die Tradition verheerender Torwartfehler fort und spendierte den USA den Ausgleich.

⚽ ⚽ ⚽

DIE SÄUFER VON SOFIA

Rakia gilt als bulgarisches Nationalgetränk und ist auch bei einheimischen Fußballern sehr beliebt. Schließlich soll ein kräftiger Schluck vom Traubenschnaps ungeahnte Kräfte wecken, so behauptet es jedenfalls der mutmaßlich chronisch trockene Volksmund. Dass diese Kräfte durchaus zerstörerisch sein können, wird allerdings gern verschwiegen, ist aber mitunter leicht zu erkennen. Ein gutes Beispiel dafür lieferten einige Profis von ZSKA Sofia im Herbst 2009.

Nach der 0:2-Heimpleite des bulgarischen Rekordmeisters im Europa-League-Spiel gegen Basel zogen sich mehrere Spieler im privaten Kreis zurück, um die Niederlage eingehend zu analysieren. Vermutlich stellten sie dabei fest, dass die Chancen auf ein Weiterkommen allenfalls im Promillebereich liegen, und trösteten sich kurzerhand mit Schnaps. Irgendwie muss die Sache etwas außer Kontrolle geraten sein, denn am Ende einer langen Nacht stand die Polizei vor der Tür, es gab sogar Festnahmen. Bis zur nächsten Liga-Partie am Tag darauf waren die Spieler zwar wieder auf freiem Fuß, offenkundig aber nicht in Bestform. Gegen Minyor Pernik gab es ein 0:3, es war die erste Saisonniederlage für ZSKA.

Die Vereinsführung merkte, dass da etwas ins Wanken geriet, und lud die Mannschaft zu einer abendlichen Aussprache ein. Es gab gute Gespräche, leckeres Essen und eine nachhaltige Stärkung des Gemeinschaftsgefühls. Das war zu fortgeschrittener Stunde so prächtig entwickelt, dass die Spieler anschließend noch an einer benachbarten Hotelbar in geselliger Runde zusammenkamen. Aufmerksame Beobachter notierten, dass es schon Morgen war, als die Sofia-Stars den Heimweg antraten; reichlich erschöpft vom Kommunizieren, Konsumieren und Karaoke-Musizieren. Dummerweise stand nur ein paar Stunden darauf das Spiel gegen Lovech an, es ging 0:2 verloren.

Nachdem die Variante mit der psychologisch wertvollen Methode nicht so richtig funktioniert hatte, reagierte Trainer Luboslav Penev dieses Mal auf bewährt autoritäre Art: Er strich gleich neun Spieler aus dem Kader. Dabei hätte man bei genauerer Betrachtung des Vorfalls durchaus zu dem Schluss kommen können, dass die Profis etwas aus ihren Fehlern gelernt hatten: Zeugen versichern, dass an jenem Abend im Hotel kein Tropfen Rakia geflossen ist. Das Team habe sich in der «Whisky and Cigar Bar» ausschließlich an internationale Spirituosen gehalten.

Am Ende zahlten die ZSKA-Fans die Zeche für die Disziplinlosigkeiten der Profis. Sie mussten mit ansehen, wie die Skandaltruppe nach dem Rücktritt von Luboslav Penev im März 2010 bis Saisonende zwei weitere Trainer verschliss und alle Titelchancen verspielte.

ABPFIFF VOR DEM ANSTOSS

Der CD Benidorm, im gleichnamigen Badeort an der Costa Blanca beheimateter Drittligist, hat den spanischen Fußball um ein Kuriosum bereichert. Am letzten Spieltag der Saison 2005/06 feuerte der Klub seinen Trainer Angel Pedraza – nicht etwa nach, sondern unmittelbar vor der Partie gegen die B-Mannschaft des FC Barcelona.

Nach Presseberichten war es in der Kabine zwischen Pedraza und der Vereinsführung zu einem heftigen Streit über die Aufstellung gekommen. Gerüchten zufolge wollte Benidorms Trainer, einst Spieler in Barcelona, auf seine besten Kräfte verzichten, um Barças Zweiter zum Aufstieg zu verhelfen. Die Elf, die nach dem Trainerrauswurf für Benidorm auflief, war zu keinerlei Gefälligkeiten bereit: Die Gastgeber siegten 2:0, Barcelonas B-Team blieb drittklassig, und Pedraza musste sich neue Freunde suchen.

WASSER PREDIGEN, WEIN SAUFEN

Mit Volkes Stimme versuchte sich Frankreichs für den Sport zuständige Staatssekretärin Rama Yadé im Vorfeld der Fußball-WM 2010. Dass die Nationalmannschaft in Südafrika eine Luxusherberge mit einem Zimmerpreis von rund 590 Euro bewohne, sei den Menschen in der Heimat nicht vermittelbar. Angesichts schwerer wirtschaftlicher Zeiten rate sie zu mehr Bescheidenheit, grollte Yadé. Die Sache mit der Wirtschaftskrise muss man allerdings auch in ihrem eigenen Ministerium übersehen haben, als man dort die Südafrika-Reise der Chefin organisierte. Die für Yadé reservierte Unterkunft sollte nämlich sogar mit rund 670 Euro pro Nacht zu Buche schlagen. Als eine französische Zeitung über all das berichtete, wurde das Zimmer schnell storniert, und die Politikerin suchte sich eine deutlich preiswertere Bleibe. Somit, fasste das Blatt mit sparsamen Worten zusammen, kostete der WM-Ausflug des Ministeriums die Steuerzahler kaum mehr als die Flugkosten in Höhe von 37 000 Euro.

UNFEINER PINKEL

Cem Atan, österreichischer Nationalspieler mit türkischen Wurzeln, ist vor allem außerhalb des Fußballplatzes wiederholt durch aggressives Zweikampfverhalten aufgefallen. Seine bislang größten Schlagzeilen verdiente er sich Anfang 2008. In einem Wiener Neustädter Szenetreff soll sich der damalige Bundesligaspieler des TSV Mattersburg ganz und gar nicht wie ein feiner Pinkel benommen haben. Der Vorwurf: Atan habe zunächst mitten im Lokal seine Blase geleert und anschließend einen Kellner verprügelt, der am Verhalten des Fußballstars Anstoß genommen hatte. Der Kellner erstattete Anzeige, Atan gab sich unschuldig. Es müsse sich um eine Verwechslung handeln, ließ der Profi verlauten. Er sei nur fünf Minuten im Lokal gewesen und habe nichts von einer Schlägerei mitbekommen. Das wollen wir ihm einfach mal glauben, hatte er doch den Kopf voll mit anderen Dingen. Schließlich musste sich Atan seinerzeit bereits mit zwei Verfahren wegen Körperverletzung herumschlagen, und kurz darauf bekam er neuen Ärger mit der Polizei. Die nahm ihn fest, weil er nach einem Rauswurf aus einer Disco ein bisschen randaliert hatte. Etwas mehr Verständnis hätten die Ordnungshüter schon dafür aufbringen können, dass sich Atan nicht sofort nach ihrem Eintreffen beruhigte. Mit zwei Promille Alkohol im Blut braucht man eben etwas länger – und manchmal eine Toilette.

COME ON COLEEN

«Sie geht shoppen, moderiert TV-Shows, geht shoppen, schreibt eine Zeitungskolumne, geht shoppen, geht shoppen, modelt für Asda, geht shoppen …»

(Die englische Tageszeitung *The Guardian* über den Stress, dem sich Wayne Rooneys Ehefrau Coleen, geborene McLoughlin, bei dem Versuch unterzog, Victoria Beckham von Platz eins der WaGs – Wives and Girlfriends der englischen Fußballer – zu verdrängen)

VOLL IN DIE HOSE

Auf höchst unsportliche, aber immerhin nicht unkomische Weise haben die Fußballer von Schwarz-Weiß Essen den Grundstein zum einzigen großen Erfolg der Vereinsgeschichte gelegt. Auf dem Weg zum Pokalsieg 1959 mussten die Westdeutschen im Halbfinale beim Hamburger SV antreten. Die Essener waren klare Außenseiter, und zu allem Überfluss verletzte sich im Spiel auch noch ihr Torwart Hermann Merchel. Weil Auswechslungen seinerzeit noch nicht erlaubt waren, übernahm Verteidiger Karl-Heinz Mozin den Job zwischen den Pfosten. Gleich mit seiner ersten Rettungstat schrieb er Pokalgeschichte: Als HSV-Angreifer Charly Dörfel allein aufs Tor der Schwarz-Weißen zustürmte, bediente sich Mozin eines ungewöhnlichen Kunstgriffs – er zog seinem Gegenüber einfach die Hose runter. Der derart bloßgestellte Hamburger schaffte es zwar noch, den Schlussmann zu umkurven, war aber doch so perplex, dass er den Ball am leeren Kasten vorbeischoss. Essen siegte 2:1 nach Verlängerung.

ÄRGER IM FREUDENHAUS

Auf seiner Berg-und-Tal-Fahrt durch die deutschen Profiligen wird der FC St. Pauli seit vielen Jahren von einer beeindruckend treuen Schar von Anhängern begleitet. Sie leben den «Mythos Millerntor», berauschen sich an der von sportlichen Leistungen weitgehend unabhängigen Stimmung auf den Rängen ebenso wie am Astra-Bier, schwenken ihre Totenkopffahnen und singen «You'll never walk alone». Hübsch anzusehen ist das Ganze und Millionen wert: Das Image des etwas anderen Vereins hat St. Pauli in die Spitzengruppe der Fanartikel-Liga katapultiert, die Umsätze haben sich in den vergangenen Jahren vervielfacht. Damit das so bleibt, gibt man sich am Hamburger Millerntor redlich Mühe, das werbewirksame Bild der heilen Fußballwelt zu wahren. Doch wer genauer hinsieht, erkennt, dass der Putz am «Freudenhaus der Liga» kräftig bröckelt.

Mit der Tatsache, dass der Klub keine linksautonome Solidargemeinschaft, sondern ein profitorientiertes Wirtschaftsunternehmen ist, haben sich die meisten Anhänger längst arrangiert. Auch der Umstand, dass die Spieler nicht auf dem Kiez anheuern, weil es dort so kuschelig zugeht, sondern weil sie branchenüblich bezahlt werden, stößt auf allgemeine Akzeptanz. Deutlich schwerer tun sich Verein und Gefolge mit der Einsicht, dass das Publikum keineswegs nur aus fröhlich bunten Gesellen besteht, die friedlich «Paaady» machen wollen – St. Pauli hat ein massives Problem: Die sogenannten Ultras drohen die Fanszene zu spalten. Immer häufiger kam es seit Anfang der 2000er-Jahre zu Gewaltausbrüchen am Rande von Spielen. Solange sich die Hohlköpfe aus der Hamburger Totenkopffraktion nur mit ähnlich Schwachgesinnten in anderen Vereinsfarben herumprügelten, konnte man die Sache noch kleinreden, im Frühjahr 2010 aber eskalierte die Situation: Die Ultras richteten sich gegen das eigene Lager.

Die selbsternannten Oberfans hatten sich vor dem Heimspiel gegen Hansa Rostock ausgerechnet mit dem Hooligan-Anhang aus dem Osten solidarisiert – normalerweise das glatzköpfige Feindbild der Paulianer schlechthin. Weil es nach der Begegnung im Vorjahr zu einer wahren Prügelorgie rund um das Stadion gekommen war, sollte dieses Mal aus Sicherheitsgründen nur eine kleine Gruppe Rostocker als Zuschauer zugelassen werden. Das Kartenkontingent der Gäste wurde in Absprache mit Liga und Polizei von 1700 auf 500 gekürzt. Das brachte die Pauli-Ultras (USP) auf die Palme. Sie sprachen von einem Frontalangriff auf die Rechte aller Fans und riefen zu Protesten auf – schließlich brauchte es nicht allzu viel Phantasie, um zu ahnen, dass sie selbst beim nächsten Auswärtsspiel vor verschlossenen Stadiontoren stehen könnten.

Was das für ein Gefühl ist, mussten am 28. März 2010 allerdings zunächst einmal zahlreiche völlig friedliche Hamburger Fans erleben. Die Ultras hatten beschlossen, als Zeichen des Protestes ihre Ränge im Stadion zum Anpfiff des Spiels gegen Rostock frei zu lassen. Kurzerhand weiteten sie die Aktion zu einem allgemeinen Zwangsboykott aus. Sie blockierten die Aufgänge und hinderten «normale» Zuschauer teils mit Gewalt daran, ihre Plätze auf der Südtribüne einzunehmen. Anhänger, die ihren Klub seit Jahrzehnten unterstützen, wurden von jungen Männern mit USP-Schals weggestoßen und mussten sich anhören, dass sie keine echten Pauli-Fans seien. Was das Gros des Publikums von dem Vorgehen hielt, wurde während des Spiels deutlich: «Fußball-Mafia USP», hallte es durchs Stadion.

Die Vereinsführung um Präsident Corny Littmann wirkte nach diesem schwarzen Sonntag reichlich ratlos. Die Vorkommnisse würden «intensiv aufgearbeitet», ließ man wenigsagend verlauten. Vielleicht ist Littmann, als gelernter Theatermann mit einem Gespür für Dramatik ausgestattet, an jenem Tag klargeworden, dass die Zeit der Lustspiele am Millerntor allmählich zu Ende geht. Sieben Jahre lang hatte er daran gearbeitet, den Klub wieder nach vorne zu bringen; wirtschaftlich und sportlich mit großem Erfolg. Am Ende der Saison 2009/10, zwei Monate nach dem Rostock-Spiel, trat Littmann zurück. Womöglich wollte er sich mit den Folgen des Erfolgs einfach nicht herumärgern.

LEIDENSCHAFTLICHER FUSSBALLER

«Tackling ist schöner als Sex.»

(Englands Ex-Nationalverteidiger Paul Ince)

BLONDES GIFT

Sie ist rund 1,70 Meter groß, schlank, hat lange blonde Haare und ein Zahnpastalächeln – wer Elizabeth Lambert auf der Straße trifft, dürfte es kaum mit der Angst zu tun bekommen. Ganz anders sieht die Sache auf dem Fußballplatz aus. Da nämlich gilt die Verteidigerin des Uni-Teams New Mexico Lobos als das «bad girl» des US-Frauenfußballs schlechthin. Zu verdanken hat sie diesen Ruf einem Spiel der amerikanischen Universitätsmeisterschaften im November 2009. Im Halbfinale trat die damals 20-Jährige mit ihrem Team bei den Brigham Young Cougars im Bundesstaat Utah an – und teilte dabei derart brutal aus, dass es auch Freunden des robusten Abwehrspiels schlichtweg den Atem verschlug.

Neben der klassischen Sense und Tritten von hinten in die Beine ihrer Gegnerinnen hatte die Studentin nämlich noch eine Reihe weiterer Gemeinheiten auf Lager: Sie verteilte Faustschläge ins Gesicht und in den Rücken ihrer Opfer, einer jungen Frau rammte sie das Knie in die Brust, eine andere riss sie am Zopf zu Boden. Fast so unfassbar wie der Amoklauf selbst war der Umstand, dass «Dirty Lizzy» trotz eines halben Dutzends rotwürdiger Vergehen mit einer lächerlichen Gelben Karte davonkam. Immerhin machte sich Lamberts Uni um die Gesundheit aller Fußballerinnen im Südwesten der USA verdient und zog die giftige Blondine aus dem Spielverkehr. Die Übeltäterin selbst gab sich reuig. Sie bedauere ihre Aktionen von ganzem Herzen, sagte Lambert und versicherte, dass ihr Verhalten auf dem Platz «keinerlei Rückschlüsse auf meinen Charakter zulasse». Das bleibt zu hoffen, andernfalls hätte man ihr wirklich einen Wechsel des Studienfachs nahelegen müssen. Lamberts Spezialgebiet: Therapie.

SCHLAG AUF SCHLAG

Duncan Ferguson einen harten Hund zu nennen wäre eine hübsche Untertreibung. Der Schotte, der in der englischen Premier League mit überschaubarem Erfolg für Everton und Newcastle stürmte, verdiente sich in 16 Profijahren den Ruf, einer der übelsten Spieler aller Zeiten zu sein. Ob Kopfnuss, Würgegriff, Faust- oder Ellenbogenschlag – der siebenmalige Nationalspieler beherrschte alle gängigen Techniken des besonders brutalen Foulspiels. Als erster britischer Profi überhaupt landete er dafür sogar im Gefängnis: Weil er einen Gegenspieler mit einer Kopfnuss niedergestreckt hatte, saß Ferguson wegen Körperverletzung eineinhalb Monate im Knast. Das war 1995, und in den Folgejahren ging es weiter Schlag auf Schlag. Der Schotte boxte, schubste und würgte sich durch die Liga und hatte sogar noch die Kraft, auch außerhalb des Platzes durch Prügeleien aufzufallen. Als Duncan Ferguson 2006 nach einem überaus harten Fußballerleben in Rente ging, hinterließ er neben Platzwunden und Hämatomen noch einen Rekord: Mit acht Roten Karten hatte er mehr Platzverweise gesammelt als je ein Stürmer vor ihm. Der britischen Presse war das eine besondere Anerkennung wert: Zwischen den ganz Großen des Fachs wie Vinnie Jones, Roy Keane oder Marco Materazzi ergatterte Ferguson einen Platz auf der Liste der «Dirtiest players in football». Er hat ihn sich verdient.

WAYNES WIEGENLIED

Stille Nacht? Nicht bei Englands Wayne Rooney. Zum Einschlafen braucht der bullige Stürmer nach eigenem Bekunden ordentlich Radau. Am besten schlummern kann Rooney, wenn ein Staubsauger läuft. Weil sich Ehefrau Coleen aber an dem lauten Brummen stört, greift der Nationalspieler in seiner Not auch mal zu einem Föhn. «Ich habe schon viele von Coleens Haartrocknern ruiniert, weil ich sie bis zur Überhitzung laufenließ», berichtet Rooney. Unbestätigt sind Gerüchte, dass er sich vor Auswärtsspielen grundsätzlich ein «Rooney-Gedeck» als Einschlafhilfe auf sein Hotelzimmer bringen lässt: einen Sechser-Pack Bier und einen Handstaubsauger.

AUGEN ZU UND RAUS

«Wir werden dafür bezahlt, dass wir zuschauen. Ansonsten würden auch wir uns wegdrehen.»

(Ein BBC-Kommentator beim Elfmeterschießen im Viertelfinale der WM 2006 zwischen England und Portugal. Die Engländer blieben ihrer legendären Schwäche treu – am Ende hieß es 1:3.)

FOREVER NUMBER 12

Er wurde Deutscher Meister, gewann gleich dreimal den Europapokal und den Weltpokal noch obendrein – trotz dieser grandiosen Bilanz ist Hugo Robl in der deutschen Fußballszene weithin unbekannt. Das hat einen einfachen Grund: Der Torwart war zwar bei allen großen Triumphen von Bayern München in den Spielzeiten '73 bis '76 dabei, aber eben nie mittendrin. Die Nummer eins hieß Sepp Maier, und der ließ Nachwuchsmann Robl nicht eine Minute zwischen die Pfosten.

Einmal war er zumindest ganz dicht dran an seinem ersten Pflichtspieleinsatz. Am 17. Mai 1974, einem Freitagabend, hatten sich die Bayern durch einen 4:0-Sieg im Wiederholungsspiel gegen Atletico Madrid ihren ersten Landesmeister-Cup gesichert, samstags darauf stand die bedeutungslose Bundesligapartie bei Borussia Mönchengladbach an. In den wenigen Stunden zwischen Ab- und Anpfiff hatten die Münchner Pokalhelden keine faire Chance, wieder richtig zu Kräften zu kommen, geschweige denn, einigermaßen nüchtern zu werden. Trainer Udo Lattek sah mit Kennerblick, dass einigen von ihnen eine Auszeit durchaus bekommen würde; und so sollte anstelle von Maier Ersatzmann Robl das Münchner Tor hüten.

Alsbald stellte sich jedoch heraus, dass der 19-Jährige – anders als noch während der 90 Endspielminuten – bei der nächtlichen Siegesfeier keineswegs die ganze Zeit nur interessiert zugeschaut, sondern sich engagiert am Geschehen beteiligt hatte. Vor die Wahl gestellt, einen blauen Jungen oder einen routinierten Schluckspecht aufzustellen, entschied sich Trainer Lattek dann doch für die größere Erfahrung: Maier stand zwar nicht wie eine Eins, aber immerhin im Tor und bekam von den Gladbachern beim 0:5 noch mal kräftig eingeschenkt.

Nüchtern betrachtet hatte es für Hugo Robl auch etwas Gutes, dass er diese Chance verpasst hat: Zu seiner beeindruckenden Titelsammlung gesellt sich noch die Auszeichnung, in drei Profijahren kein einziges Tor kassiert zu haben. In der Liste der bemitleidenswertesten Keeper der Liga reicht es für Robl so aber leider auch nur für die Ersatzbank.

DIE FLOP-ELF DER BUNDESLIGATORHÜTER

1. **Jürgen Rynio**
   Was haben der Karlsruher SC, der 1. FC Nürnberg, Borussia Dortmund, der FC St. Pauli und Hannover 96 gemeinsam? Sie alle sind mit Jürgen Rynio abgestiegen – mehr Vereine schaffte keiner in fünf Jahrzehnten Bundesliga. «Ich war halt häufig zur falschen Zeit am falschen Ort», versuchte der keineswegs untalentierte Torwart einst sein Schicksal zu erklären. Immerhin wurde er so die klare Nummer eins – in der Liga-Statistik der Absteiger und in dieser Liste.
2. **Mladen Pralija**
   Als «besten Torwart Osteuropas» hatte der neue HSV-Trainer Josip Skoblar seinen jugoslawischen Landsmann angepriesen, den er im Sommer 1987 nach Hamburg holte.

Demnach kann es seinerzeit nicht gut bestellt gewesen sein um die Qualität der Torhüter in der Region, denn Mladen Pralija galt schon nach seinem ersten Spiel als Mega-Flop: Gegen den FC Bayern flog er zwar fröhlich durch die Luft, meist aber am Ball vorbei; der HSV verlor 0:6. Obwohl Pralija weiter patzte, hielt der Trainer an seinem Torwart fest – bis er selbst nach nur vier Monaten gefeuert wurde. Damit hatte auch Pralija in Hamburg ausgespielt. Was bleibt, ist die Erinnerung an die missratenste Torwart-Premiere in der Bundesligageschichte – und unser Platz zwei.

3. Tomislav Piplica

Die Leistungsspanne beim Schlussmann aus Bosnien-Herzegowina war beeindruckend: mal Welt-, weitaus häufiger jedoch Kreisklasse. In seiner Zeit bei Energie Cottbus produzierte Tomislav Piplica spektakuläre Fehler in Serie, darunter ein legendäres Eigentor. Am 6. April 2002 beförderte der Torwart im Spiel gegen Borussia Mönchengladbach eine Bogenlampe mit dem Hinterkopf ins eigene Netz. Beeindruckend genug für Platz drei.

4. Hermann Rülander

Ganze 92 Minuten dauerte die Erstliga-Karriere des Ostfriesen im Tor von Werder Bremen – die reichten immerhin für acht Gegentore. Am 13. Spieltag der Saison 1981/82 kam Hermann Rülander in der 76. Minute für den verletzten Dieter Burdenski ins Spiel – und musste beim 1:1 gegen Köln gleich das erste Mal hinter sich greifen. So richtig Übung mit dieser Beschäftigung bekam er eine Woche später in Frankfurt. Die Eintracht schoss sich schnell auf den unerfahrenen Mann im Werder-Tor ein, nach 78 Minuten stand es 7:2 für die Gastgeber. Dann hatte Trainer Otto Rehhagel ein Einsehen und wechselte Rülander für immer aus. Bei uns darf er weiter mitmachen – als Nummer vier.

5. **Bernd Meier**

Es ist schon eine blöde Sache: Da hat Bernd Meier fast 100 Spiele in der ersten Liga bestritten, und es waren durchaus solide Partien darunter. Die Leute erinnern sich aber nur an ein einziges, und das war ziemlich bitter für den Torwart von 1860 München. Am 11. April 1998 hatte er den Aussetzer seines Lebens, ausgerechnet im Derby gegen die Bayern. Meier wollte einen abgefangenen Ball vom Boden aus wieder ins Spiel befördern, er hatte aber nicht bemerkt, dass sich Bayerns Carsten Jancker in unmittelbarer Nähe befand. Der spitzelte Meier den Ball vom Fuß und schob ihn ins leere Tor. 1860 verlor mit 1:3, und Bernd Meier machte nie mehr ein Spiel für die Sechziger. Seinen Platz in dieser Flop-Elf hat er aber sicher.

6. **Mathias Schober**

Die Menschen im Ruhrgebiet neigen nicht dazu, einem seine Fehler lange nachzutragen. Das ist gut für Mathias Schober, ansonsten hätte er sich nach dem 19. Mai 2001 kaum mehr in seiner Heimat blicken lassen dürfen. Es war der Tag, an dem Schalke 04 «Meister der Herzen» wurde, der FC Bayern aber die Schale holte; dank Schober. Indem er einen Rückpass im Strafraum aufnahm, sorgte ausgerechnet der von den Schalkern an den HSV ausgeliehene Torwart dafür, dass die Bayern in letzter Sekunde in Hamburg zum 1:1-Ausgleich und zum Titel kamen. Ein paar Jahre später kehrte Schober übrigens ins Ruhrgebiet zurück – als Ersatzkeeper von Schalke 04. Man ist ja nicht nachtragend. Platz sechs.

7. **Olli Isoaho**

Ein Finne auf der Alm? Bielefelds Fans waren skeptisch, als ihnen im Sommer 1982 Olli Isoaho als neue Nummer eins präsentiert wurde. Zu Recht. Der finnische Nationaltorwart war schnell als «Pannen-Olli» abgestempelt und verabschiedete sich nach wenigen Spielen wieder aus der Bundesliga – mit einem einsamen Rekord im Gepäck: Als Borussia Dortmund die Arminia am 6. November 1982 mit 11:1 aus dem Stadion fegte, kassierte Isoaho in der zweiten Halbzeit zehn Tore. Die Erinnerung daran reicht bei uns locker für Platz sieben.

8. **Peter Endrulat**

Womöglich wäre Peter Endrulat nie auf dieser Liste aufgetaucht, hätte er am 29. April 1978 ein Einsehen gehabt. In der Halbzeitpause des Spiels bei Borussia Mönchengladbach hatte Dortmunds Trainer Otto Rehhagel seinen Torwart gefragt, ob er angesichts des 0:6-Rückstands wirklich weiterspielen wolle. Endrulat nickte. «Ich wollte wenigstens noch etwas glänzen», erinnert sich der Schlussmann und fügt hinzu: «Leider klappte das nicht.» 12:0 stand es am Ende, Gladbach feierte den höchsten Bundesligasieg aller Zeiten, und Endrulats Erstligakarriere war beendet. Aber es gibt ein Nachspiel: Rang acht.

9. **Klaus Basikow/Heinz Rohloff**

Bei der schlechtesten Bundesligamannschaft aller Zeiten ausgerechnet den Job im Tor zu erwischen, ist wirklich Pech. Da tut es gut, wenn man einen Leidensgenossen findet: Klaus Basikow und Heinz Rohloff teilten sich in der Saison 1965/66 die Aufgabe, sich im Tor von Tasmania Berlin anständig die Bude vollhauen zu lassen. Insgesamt 106-mal klingelte es bei ihnen in 32 Spielen. In den beiden anderen Partien stand übrigens Hans-Joachim Posinski im Tasmania-Tor. Mit nur zwei Gegentoren verpasste der jedoch bei weitem die Qualifikation für diese Liste, die anderen beiden teilen sich Platz neun.

11. Jens Lehmann

Torhütern lässt man traditionell einiges durchgehen. Wer aber in 20 Profijahren nicht begreift, dass es sich bei Fußball um einen Mannschaftssport handelt, ist ein wirklich schwerer Fall. Mit rücksichtslosem Ehrgeiz und beeindruckender Egozentrik hat sich Jens Lehmann in seiner langen Karriere konsequent die Sympathien von Mitspielern und Fans verscherzt. Nachdem er in der Saison 2009/2010 vor allem durch Unsportlichkeiten, Eskapaden und Attacken gegen Balljungen auf sich aufmerksam gemacht hatte, war Lehmann schließlich der Einzige, der nicht recht begreifen konnte, warum seine Profilaufbahn zu Ende ging. Genauso wenig dürfte er verstehen, warum er bei uns am Ende dieser Liste geführt wird.

KÄPT'N KAMERADENSCHWEIN

Am 1. Februar endet die Transferperiode, und gemeinhin dreht sich dann alles um hektisch getätigte Last-Minute-Spielerwechsel. Im Jahr 2010 dominierte jedoch etwas anderes den Fußball auf der Insel: ein Partnerwechsel. Und ein ganz besonders schäbiger zudem. Englands Kapitän John Terry, verheirateter Vater dreijähriger Zwillinge, hatte seinem Nationalmannschaftskollegen Wayne Bridge die Freundin, eine französische Femme fatale, ausgespannt. Er hatte damit den Kodex unter Kollegen verraten. Auch Monate später kam ihm noch kein Wort der Entschuldigung über die Lippen.

Bis zuletzt hatte der eisenharte Manndecker des FC Chelsea versucht, die Veröffentlichungen zu verhindern, ein Richter mit dem schönen Namen Tugendhat jedoch entschied anders.

Was den «Judge» vor allem wunderte: Statt die Verletzung seiner Privatsphäre und die negativen Folgen für seine Familie ins Feld zu führen, war dem von einer Ketchup-Firma zum «Dad of the Year 2008» gekürten Terry etwas anderes viel wichtiger: Er betonte den Verlust seiner «Reputation bei Sponsoren».

Als hätte es noch eines weiteren Beispiels für Terrys Charakter bedurft, so lieferte ihn der millionenschwere Profi in den kommenden Tagen: Er log einfach weiter. Er bot der *Sun* an, in einem Interview zusammen mit seinem Seitensprung, dem Unterwäsche-Mannequin Vanessa Perroncel, seine Unschuld zu beteuern. Zur Strafe brachte das Blatt die Geschichte groß raus, überließ aber der *News of the World* die Meldung, dass Terry der von ihm geschwängerten Perroncel die Abtreibung gezahlt hat – dem Vernehmen nach etwa eine Million Euro.

Jetzt nahm auch Englands Sportminister Gerry Sutcliffe Witterung zur veröffentlichten Meinung auf und stellte Terrys Führungsrolle im Nationalteam in Frage: «Er muss Verantwortung für unser Land übernehmen und darf sich nicht so verhalten», gab er mit der Scheinheiligkeit eines Machtpolitikers zum Besten. Dabei hätte auch ihm seit vielen Jahren bekannt sein müssen, dass der Privatmensch Terry alles andere als zum Vorbild taugt.

Am Tag nach den Anschlägen des 11. September verhöhnte Terry betrunken amerikanische Touristen, er zockte mit Kollegen um viel Geld, veranstaltete ohne Wissen des Klubs private Führungen über Chelseas Trainingsgelände und kassierte dafür 10 000 Pfund, soll seine Gattin Toni mit mindestens zwölf weiteren Frauen betrogen haben – darunter mit einem Teenager auf dem Rücksitz seines Bentleys und mit einer Dame auf Krücken in einer Nachtclubtoilette. Und als seine Mutter und seine Schwiegermutter 2009 bei einem Ladendiebstahl erwischt wurden, klagten sie der Polizei ihr Leid: Sie bekämen zu wenig Taschengeld von John (Wochenverdienst: rund 150 000 Euro). Eine moralische Instanz sieht anders aus.

Das dachte sich dann wohl auch Nationaltrainer Fabio Capello und setzte Terry als Kapitän ab. Zur WM 2010 nach Südafrika nahm er ihn aber trotzdem mit – im Gegensatz zum inzwischen zurückgetretenen Wayne Bridge. Dem war der Gedanke, zusammen mit Terry sechs Wochen lang Teamgeist und Kameraderie vorgaukeln zu müssen, schlichtweg zuwider.

Capello glaubte, alles getan zu haben, um endlich Ruhe ins Team zu bringen. Aber er hatte die Rechnung ohne Terry und damit einen großen Fehler gemacht. Vor dem entscheidenden Gruppenspiel gegen Slowenien spielte sich Terry eigenmächtig als Spielertrainer auf, forderte taktische Veränderungen sowie den Einsatz seines Chelsea-Kollegen Joe Cole und verkündete großspurig: «Ich spreche für die ganze Mannschaft und die Fans in England.» Noch einmal war sein überlebensgroßes Ego außer Kontrolle geraten, diesmal aber versagten ihm die Stars wie Wayne Rooney oder Steven Gerrard die Gefolgschaft. Terry musste sich kleinlaut entschuldigen. Für die englische Mannschaft aber, die auch dank des Chelsea-Profis längst nicht mehr als eine solche bezeichnet werden konnte, war es bereits zu spät: Im Achtelfinale erlebte sie mit dem 1:4 gegen Deutschland folgerichtig ein Debakel …

AHNUNGSLOSES IDOL

«Pelé hat keine Ahnung vom Fußball. Seine Analysen sind immer falsch. Wenn du einen Titel gewinnen willst, höre zu, was Pelé sagt, und mach genau das Gegenteil.»

(Brasiliens damaliger Trainer Luiz Felipe Scolari nach dem WM-Sieg 2002. Fußballidol Pelé hatte Scolari vor dem Turnier mehrfach vorgeworfen, er setze auf die falschen Spieler und auf eine falsche Taktik.)

DER SCHEICH ENTSCHEIDET

Arabische Scheichs können sich eine Menge leisten. Dass es auch in ihrer Macht steht, Spiele einer Fußball-WM zu beeinflussen, wissen wir seit 1982. In der Vorrunde des Turniers in Spanien trafen Frankreich und Kuwait aufeinander, zehn Minuten vor Schluss lag die Auswahl des Öl-Emirats mit 1:3 zurück. Das war schon weitaus mehr, als Scheich Fahad Al-Ahmad Al-Sabah normalerweise zu dulden bereit ist. Als dann aber auch noch ein Tor für die Franzosen fiel, weil sich Kuwaits Spieler von einem Pfiff aus dem Publikum hatten irritieren lassen, griff der Monarch durch. Wütend stapfte er von seinem Tribünenplatz auf den Rasen und nahm sich den Schiedsrichter vor. Die Botschaft an Miroslav Stupar war eindeutig: Er solle das Tor gefälligst annullieren, sonst werde die Mannschaft Kuwaits augenblicklich das Feld verlassen. Als Bürger der Sowjetunion im Umgang mit Weisungen einer totalitären Obrigkeit vertraut, gab Schiedsrichter Stupar nach und versagte dem regelkonformen Treffer nachträglich die Anerkennung. Genutzt hat das alles nichts. Die Franzosen trafen kurz vor Schluss ohne weiteren Widerspruch zum

4:1-Endstand, Kuwait schied aus, und Miroslav Stupar wurde von der FIFA aussortiert. Immerhin durfte sich Scheich Al-Sabah an dem Gefühl erwärmen, dass sein Wort mächtiger ist als die Fußball-Regeln.

PSYCHIATER OHNE BALLGEFÜHL

Vor der WM 1958 in Schweden riet Brasiliens Teampsychiater davon ab, Pelé und Garrincha mit zur Endrunde zu nehmen. Pelé sei «einfach infantil» (infantil: auf kindlicher Entwicklungsstufe stehengeblieben). Das beeindruckende Urteil des Mannes namens Joao Carvalhaes: Der 17-Jährige sei zu jung, um Aggression zu spüren und angemessen darauf zu reagieren. Außerdem habe er nicht das notwendige Gefühl für Teamgeist. Das Urteil über Pelés potenziellen Teamkollegen Garrincha war noch vernichtender. Bei einem Test holte er 23 von 123 Punkten. Das reiche nicht mal, um einen Bus zu fahren, so der Psychiater.

Trainer Vicente Feola nahm trotzdem beide mit. Garrincha wurde zum «Wunderdribbler», und Pelé krönte seine kindliche Spielfreude mit sechs Toren – Brasilien wurde Weltmeister.

DER STÜRMER UND DIE MAUER

Eine kostspielige Dummheit wird dem Brasilianer Fernando Pereira nachgesagt, der von 1990 bis 1992 für den HSV spielte. Der Stürmer, genannt Nando, galt nicht nur vor dem gegnerischen Tor als vorsichtiger Mensch, neben Abwehrspielern soll er auch Diebe sehr gefürchtet haben. Um zu verhindern, dass sein sauer erkicktes Geld in die Hände von Banken oder Einbrechern fällt, griff Nando der Überlieferung zufolge gleich zu Beginn seiner Zeit in Deutschland zu Kelle und Mörtel und mauerte ein paar Bündel Bares im heimischen Keller ein.

Als sein Bundesliga-Gastspiel im Sommer 1992 zu Ende ging, wollte der Brasilianer seinen Heimwerkersafe leeren. Doch er musste entsetzt feststellen, dass nicht nur südamerikanische Fußballer unter dem berüchtigten Hamburger Schmuddelwetter leiden, sondern auch D-Mark-Scheine: Feuchtigkeit hatte die Bündel in Nandos Kellerwand in eine breiige Masse verwandelt. Nicht belegt ist die Behauptung, Nando habe daheim in Brasilien eine Maurerlehre begonnen.

STILLER ABSTIEG

Im April 2009 kämpfte der FC Middlesbrough in der Premier League gegen den Abstieg. An den Fans im Riverside Stadium lag es nicht, besonders nicht an jenen aus Block 53A, den sangesfreudigsten Anhängern des Klubs. Umso unglaublicher war das, was sich die Boro-Sicherheitschefin Sue Watson erlaubte:

In einem offenen Brief an die Fans des besagten Blocks tat sie genau das Gegenteil von dem, was ein Vereinsmitarbeiter in dieser Situation gemeinhin tut: Sie bat um Ruhe! Der Lärm störe andere Besucher, er mache sie gar verrückt. Die Adressaten trauten ihren Augen nicht, waren tatsächlich einen Moment lang sprachlos und lasen dann weiter. Denn Watson hatte noch einen Vorschlag zur Güte parat: «Macht so viel Lärm, wie ihr wollt, wenn wir ein Tor erzielen.»

Jetzt bestand kein Zweifel mehr, dass die Sicherheitsbeauftragte einen Witz gemacht hatte – denn Middlesbrough schoss keine Tore. Nach 30 von 38 Spielen standen gerade einmal 21 Treffer zu Buche. Die ruheliebende Mrs. Watson hatte ihr Anliegen entgegen allen Vermutungen aber doch ernst gemeint, und so entlud sich ein Sturm der Entrüstung über die arme Frau. Die Aufforderung der Fans via Internet: «Machen Sie unseren Klub nicht länger lächerlich. Erweisen Sie uns die Ehre und suchen Sie sich einen Job beim Theater.»

Die Bitte, sich nach einem anderen Beruf umzusehen, hätten die Fans allerdings auch an die Boro-Spieler richten können: Am Saisonende stieg der Klub ab – sang- und klanglos.

REIN UND RAUS

Rekorde sind in der Regel vergänglich, das gilt im Fußball wie im sonstigen Leben. Was jedoch Walter Boyd am 24. November 1999 gelang, wird bis in alle Ewigkeit kaum zu überbieten sein: Der jamaikanische Nationalstürmer flog vom Platz, ohne auch nur eine Sekunde gespielt zu haben.

Die Partie der vierten englischen Liga zwischen Boyds walisischem Verein Swansea und dem FC Darlington war in der Schlussphase wegen eines Freistoßes unterbrochen, als der Angreifer eingewechselt wurde. Noch bevor der Schiedsrichter den Ball wieder freigegeben hatte, verpasste Boyd Gegenspieler Steve Tutil einen Schlag mit dem Ellenbogen. Konsequenz: die Rote Karte.

Gut sieben Jahre lang galt der Jamaikaner damit als effektivster Rotsünder aller Zeiten, seither muss er sich diesen Titel allerdings mit Keith Gillespie teilen. Denn der nordirische Nationalspieler in Diensten von Sheffield United tat es Boyd am 20. Januar 2007 gleich. Beim Erstligaspiel in Reading kam er nach

52 Minuten aufs Feld, streckte umgehend Readings Stephen Hunt nieder – übrigens gleichfalls unter Einsatz des Ellenbogens – und verschwand wieder in der Kabine. Zwölf Sekunden waren zwischen seiner Einwechslung und dem Platzverweis vergangen. Da das Spiel aber während dieser Zeit unterbrochen war, stand auch bei Gillespie die Null: keine Sekunde gespielt, aber Rot gesehen.

Auch wenn er keineswegs so prominent ist wie die beiden Führenden in der Rangliste und mit zwei Sekunden vergleichsweise lange aktiv am Spiel teilnahm, hat es der Drittplatzierte Lee Todd ebenfalls verdient, mit einigen anerkennenden Worten bedacht zu werden. Denn der Freizeitfußballer aus Südengland musste im Oktober 2000 das Feld nicht etwa wegen eines groben Fouls räumen, sondern wegen seines feinen Gehörs. Wie es sich für einen Stürmer gehört, hatte sich Todd vor Beginn des Sonntagsligaspiels von Cross Farm Park Celtic gegen die Taunton East Reach Wanderers an den Anstoßkreis und somit in unmittelbare Nähe des Schiedsrichters begeben. Als dieser die Begegnung kurz darauf mit einem kräftigen Pfiff freigab, zuckte Todd kurz zusammen. Dann entfuhr ihm ein ebenfalls gut vernehmbares «Fuck me, that was loud». Weil Kraftausdrücke auf einem Platz der Freizeitliga nun einmal nichts zu suchen haben, blieb dem Unparteiischen keine andere Wahl, als Todd nach zwei Sekunden Spielzeit Rot zu zeigen.

Ein Blick auf die Nationenwertung macht deutlich, dass die Briten die Disziplin Blitz-Rot eindeutig dominieren: Spieler von der Insel belegen die Plätze eins bis vier. Angesichts dieser Übermacht muss man wohl respektvoll vom Mutterland des Foulspiels sprechen.

WENIGE SIND AUSERWÄHLT

«Ich glaube, es gibt nur ein paar ganz wenige auserlesene Manager, die die wahrhaft großen Klubs dieser Welt führen können. Zum Glück bin ich einer von ihnen.»

(Der britische Trainer Ron Atkinson nach zwei Monaten Arbeit bei Atlético Madrid. Einen Monat später wurde er von Präsident Jesus Gil y Gil gefeuert.)

⚽ ⚽ ⚽

SCHIZOPHREN

«Two Andy Gorams, there's only two Andy Gorams.»

(Die Königin unter den Fangesängen. Als bei Andy Goram, der Torhüter-Legende der Glasgow Rangers, Schizophrenie diagnostiziert wurde, sangen schottische Anhänger diese Strophe zur gleichen Melodie wie «Es gibt nur ein' Rudi Völler».)

⚽ ⚽ ⚽

ANGEFRESSEN

«Was soll ich denn tun? Soll ich den Spielern auf die Fresse hauen, damit die Spannung in der Mannschaft bleibt?»

(Ewald Lienen als Trainer des Zweitligisten 1860 München im September 2009 nach dem 0:2 seiner Profis bei Alemannia Aachen)

⚽ ⚽ ⚽

HÄSSLICHE BRASILIANER

«1994 hatten wir ein Team von Hinkebeinen, aus dem nur Romario herausragte. Wir haben hässlich gespielt und trotzdem die WM gewonnen. Schönes Spiel zählt nicht. Das Einzige, was zählt, ist der Gewinn des WM-Pokals.»

(Brasiliens Staatspräsident «Lula» da Silva über den glanzlosen Ergebnisfußball der Seleção in den ersten Spielen der WM 2010. Unschön, dass die Südamerikaner im Viertelfinale mit 1:2 an den Niederlanden scheiterten)

⚽ ⚽ ⚽

«Zum Straucheln brauchts doch nichts als Füße.»

(Aus Heinrich von Kleists «Der zerbrochene Krug»)

REGISTER

Wigald Boning
In Rio steht ein Hofbräuhaus
Reisen auf fast allen Kontinenten
Rio ist wie Gisele Bündchen mit Mundgeruch und Paris macht auch mit verbundenen Augen Spaß – diese und viele andere originelle Erkenntnisse bringt Wigald Boning von seinen Reisen mit. Ein augenzwinkernder Blick auf die Unterschiede zwischen uns und dem Rest der Welt. rororo 62580

Sportskanonen auf Weltreise
Unhaltbar, unfassbar, unterhaltsam

Bekenntnisse eines Nachtsportlers
Auf seine unverwechselbare Art erzählt Wigald Boning von seinen skurrilen Trainingserlebnissen und ungewöhnlichen Trainingsmethoden, versieht das Ganze mit Tipps für Sportler und Möchtegern-Sportler und bietet vor allem eins: Amüsement.
rororo 62192

Lutz Pfannenstiel
Unhaltbar
Meine Abenteuer als Welttorhüter
Als einziger Fußballprofi weltweit stand Lutz Pfannenstiel auf allen Erdteilen unter Vertrag. In Singapur saß er 101 Tage unschuldig hinter Gittern. Und in England wurde er klinisch tot vom Platz getragen. Erst im Krankenhaus erwachte er wieder – und zog weiter.
rororo 62508

S 79/3

Weitere Informationen in der Rowohlt Revue *oder unter* www.rororo.de

MIX
Papier aus verantwortungsvollen Quellen
FSC® C083411

Das für dieses Buch verwendete FSC®-zertifizierte Papier
Lux Cream liefert Stora Enso, Finnland.